Gestos de Bondade

AS MUITAS MANEIRAS
DE CELEBRAR A VIDA

Meladee McCarty
Hanoch McCarty

Gestos de Bondade

AS MUITAS MANEIRAS
DE CELEBRAR A VIDA

Tradução
CECÍLIA CASAS

EDITORA CULTRIX
SÃO PAULO

Título do original:
Acts of Kindness
How To Create a Kindness Revolution

Edição	Ano
1-2-3-4-5-6-7-8-9	97-98-99

Direitos de tradução para o Brasil
adquiridos com exclusividade pela
EDITORA CULTRIX LTDA.
Rua Dr. Mário Vicente, 374 – 04270-000 – São Paulo, SP – Fone: 272-1399
que se reserva a propriedade literária desta tradução.

Impresso em nossas oficinas gráficas.

Ao meu pai e mentor, Eric H. Spiess, por seus muitos atos de bondade para com sua família e sua comunidade. Eric, sem fazer alarde, ajudou praticamente todas as pessoas da nossa cidade.

Meladee

Ao meu grande amigo, Frank Siccone, cuja inteligência, competência e imaginação estiveram sempre empenhadas em ajudar os outros. Sou muito grato por seus muitos gestos de bondade.

Hanoch

Agradecimentos

Os autores agradecem a ajuda recebida de muitos bons amigos e colegas cujo apoio tornou este livro possível. A Gary Seidler e Peter Vegso, cuja fé neste projeto foi de importância capital para sua realização; a Barbara Nichols, nossa editora inestimável, cuja sabedoria, calor humano e sensibilidade (além de um irrepreensível senso de humor) em muito contribuíram para a qualidade deste livro; a Christine Belleris, por sua cuidadosa e caprichosa revisão.

Somos especialmente gratos a Sidney B. Simon, pelo envio constante de sugestões, idéias e artigos de jornal, e a Suzanne Simon, por suas muitas observações e pelo forte apoio.

Nossas amigas Anne Quinn e Janice Blackwill foram grandes ouvintes, que nos sugeriram muitas idéias. Queremos ainda agradecer a todas as pessoas cujos gestos de bondade nos servem, diariamente, de inspiração.

Este livro é sobre sentir mais alegria na vida, ao relacionar-se com as pessoas que você ama, com os amigos, com os colegas de trabalho e com qualquer outra pessoa. Um gesto de bondade não beneficia apenas outra pessoa; ele pode também trazer grandes benefícios à sua saúde.

Quando nos vemos emaranhados no estresse da vida diária, ou quando nos defrontamos com desafios, o desânimo pode tomar conta de nós. Um gesto de bondade pode mudar nossa visão desses fatos e nos ajudar a desviar a atenção dos nossos problemas para a nossa bondade. Ele permite o início da cura e traz de volta o sentido de nossas vidas.

Um gesto de bondade para com alguém pode dar início ao nosso próprio processo de cura.

Sumário

Sumário

Introdução

Antes de você se precipitar a fazer um gesto de bondade, existem umas poucas regras básicas a considerar se você quer ter certeza de que o que planeja surtirá o efeito desejado.

ÉTICA E RESPONSABILIDADE POR GESTOS DE BONDADE

1. O gesto precisa ser seguro, tanto para você como para a outra pessoa.
2. Analise suas possibilidades e seus limites pessoais de bem-estar, assim como os da outra pessoa, antes de optar por um gesto de bondade.
3. Lembre-se de que, se o gesto de bondade exigir muito sacrifício de quem o faz, ele pode gerar ressentimento. Certifique-se de que seu gesto de bondade não dê origem a obrigações, a dependência ou a outros sentimentos negativos. É importante não se transformar num colecionador de gratidões.
4. Pergunte a si mesmo: "Este gesto de bondade pode contrariar a vontade da outra pessoa?" Às vezes, na tentativa de fazer um gesto de bondade, impingimos nossas carências ao outro.

Tente fazer por ele aquilo que ele realmente gostaria que você fizesse.

5. Seu gesto pode causar constrangimento? Há um meio de evitar ou minimizar esse constrangimento?
6. Comece perguntando a si mesmo:
   O que eu quero fazer?
   O que eu pretendo obter com isso?
   Como é que eu tenho de ser para que isso funcione?
7. Se o seu gesto de bondade visa um grupo em especial (pessoas desabrigadas, grupos culturais, deficientes, etc.), certifique-se de não estar apenas projetando seu modo de ver, baseado na sua própria vida, em outras pessoas que podem estar em situação muito diferente. Tente conhecer as experiências desse grupo e seus pontos de vista específicos. Converse com as pessoas para as quais você pretende fazer um gesto de bondade, e procure conhecer os sentimentos delas com relação aos desafios que enfrentam. Se estiver sintonizado com os sentimentos desse grupo, você pode ser mais eficiente. Nunca permita que um gesto de bondade demonstre paternalismo.

É MAIS BEM ACEITO AOS OLHOS DE DEUS AQUELE QUE DÁ DO QUE AQUELE QUE RECEBE?

Ouvimos muitas vezes dizer que dar tem mais valor do que receber. Mas isso é verdade? Dar é importante, mas é essencial lembrar que também é um gesto de bondade permitir que alguém dê algo a você. É importante ser o receptor. Precisamos de receptores para que a doação se torne possível.

Muita gente diz que é mais fácil e mais cômodo ser o doador. Poucos gostam de se sentir devedores. A maioria das pessoas acorreria prontamente se lhes pedissem um favor, mas se sentiriam pouco à vontade para pedir um.

Ser receptor também é uma bênção. É uma bênção permitir que alguém dê a você e receber essa dádiva com dignidade, gratidão e apreço. É uma bênção receber sem críticas; expressas ou latentes. É uma bênção receber com alegria, com prazer, com alma de criança.

POR QUE SER BOM? O QUE EU GANHO COM ISSO?

Se você não está convencido de que gestos de bondade significam algo para você, pense nos benefícios. Eles devem acabar com qualquer sensação estranha que você possa experimentar por ajudar os outros.

- Alguém se sentirá agradecido.
- As pessoas não pensarão tanto em si mesmas: elas também serão mais bondosas e gostarão mais de você.
- Auto-estima: quando você é bom, você gosta de si mesmo.
- Amor-próprio num sentido mais amplo: o que se dá, se recebe.
- Seu mundo ficará mais agradável: as pessoas que o rodeiam se sentirão mais descontraídas, mais gentis, mais felizes.
- Ética de alto nível: é a coisa certa a fazer.

Gestos Incondicionais de Bondade

GESTOS DE BONDADE

Na Idade Média, o sábio judeu Moisés Maimônides escreveu a respeito dos sete níveis da caridade. Todos eram importantes, mas o mais elevado consistia em dar sem impor condições, anonimamente, pelo simples fato de que é certo dar. Dê um presente, grande ou pequeno, sem saber quem é o receptor e sem que ele saiba quem você é.

PEDÁGIO PARA DOIS

Gestos incondicionais de bondade nos proporcionam uma sensação de euforia, superior à do álcool, à do chocolate ou à de um primeiro lugar numa competição.

Um de meus gestos de bondade favoritos é pagar, para alguém, o pedágio para atravessar uma ponte. Eu simplesmente pago para mim e digo ao cobrador que gostaria de pagar para o amigo que está atrás de mim.

As pontes mais próximas de onde moro são a Bay e a Golden Gate, em São Francisco. Esta cidade está no meu coração. Sinto um imenso prazer em começar ou findar o dia cruzando uma dessas pontes e pagando para alguém. Isso me liga a essa pessoa de maneira altruísta, incondicional. Eu não olho para trás para ver quem recebeu. Saber que esse alguém recebeu é suficiente para despertar em mim uma grande satisfação. Se alguém viaja comigo, esse ato de bondade nunca deixa de provocar o sorriso de meu acompanhante — dois gestos de bondade em um só!

UMA ROSA NO PÁRA-BRISA

Uma manhã, enquanto eu fazia minhas visitas às escolas como consultora educacional, notei algo muito colorido no pára-brisa do meu carro. Ao me aproximar, vi que se tratava de uma bela rosa amarela, coberta de orvalho. Esse quadro, combinado com o sol da manhã, fez-me sentir aquecida, física e emocionalmente. Nenhum cartão acompanhava o presente.

Esse gesto de bondade significou muito para mim. Quem me presenteou não poderia imaginar a alegria que ele me causou nem imaginar quantas vezes eu colocaria uma rosa anônima no pára-brisa do carro de pessoas que não o esperavam.

Esse gesto incondicional de amor não me pedia retribuição alguma. Fiquei tão comovida que, sempre que posso, faço o mesmo. Um gesto incondicional de bondade por dia faz bem à saúde.

FAÇA UM ACENO

Ao percorrer, toda manhã, o longo trajeto até meu escritório, o ponto alto da minha viagem é um senhor que acena para mim. Ele caminha ao longo da estrada, chova ou faça sol, enfrentando o tráfego, em companhia de seu cão de caça, um labrador preto. Em nove anos de percurso tenho sempre recebido um sorriso, um aceno e um bom-dia. Que gesto de bondade mais doce, afetuoso e incondicional tem sido para mim! Mesmo depois de todos esses anos, eu ainda não sei seu nome, mas recebo com prazer esse presente e o passo adiante, porque ele me faz muito bem.

Outro homem, em Boston, também cumprimenta os transeuntes, alegrando uma das esquinas dessa cidade ao enviar saudações de amor e de carinho. Ele acena, manda beijos e sorri o mais jovial dos sorrisos a qualquer pessoa, de qualquer cor, tamanho, idade ou posição social.

DUAS REFEIÇÕES EM UMA

Quantas vezes, durante o feriado de Ação de Graças, você ficou angustiado ao assistir pela televisão as longas filas de famílias famintas, esperando por um prato de sopa, na porta dos albergues? Tenho sentido amiúde que o problema é tão grande que a minha ajuda seria insuficiente para fazer alguma diferença.

No último feriado de Ação de Graças, nossa família planejou o jantar, comprou o dobro do que precisávamos e depois levou a porção excedente à instituição local de distribuição de alimentos. A administradora nos revelou que as doações durante a recessão haviam sido muito poucas e por isso qualquer contribuição, por menor que fosse, seria bem-vinda.

No fim da tarde, ela nos telefonou para dizer que um homem com quatro filhos tinha ido até o centro, numa última esperança de ver se havia alguma forma de alimentar a família naquele dia. Ele nem esperava um jantar de festa; queria comer qualquer coisa. Ela contou-me que eles agradeceram com lágrimas nossa maravilhosa dádiva. Ficamos tão satisfeitos por ter aproveitado essa oportunidade que tomamos a decisão de fazer a mesma coisa em todos os feriados.

FAÇA SEU TRABALHO COM SERENA COMPETÊNCIA

Num mundo que pode deixar seus nervos em frangalhos em questão de segundos, é sempre gratificante conhecer uma pessoa que faz seu trabalho com serenidade e competência. Aprendemos a dar valor a esses heróis não laureados.

Seja esse tipo de pessoa. Não espere que lhe ensinem. Aprenda a fazer o seu serviço. Torne-se de fato competente. Descubra o lado divertido do seu trabalho. Aproveite o momento. Essa é a sua chance de fazer o melhor.

Em minhas viagens como conferencista, tive muitas oportunidades de conhecer pessoas assim e de compará-las com outras que ainda não descobriram as alegrias da competência. Recentemente, num grande hotel, observei duas funcionárias no balcão de recepção. Uma estava sorrindo, cumprimentando cada novo hóspede, olhando-o nos olhos e saudando-o com um alegre "Seja bem-vindo!"

Mais tarde observei-a, e à sua companheira, num momento de folga. Essa jovem começou a pôr as coisas em ordem, procurando o que fazer. A outra recostou-se à parede, com os olhos perdidos, e comentou: "Nossa, isto aqui é tão entediante! Que droga!" A moça ocupada sorriu e continuou arrumando as coisas. Saiu e tirou da geladeira uma cesta de maçãs frescas. Voltou e, do lado de fora, olhou para o balcão, tentando avaliar como pareceria aos olhos de um hóspede. Essa vai longe! E a outra? Bem, daqui a dez anos, ela ainda será uma recepcionista e nunca saberá por quê.

É bom para você e para todos ao seu redor que você aprenda a fazer o seu trabalho — e que prossiga em sua aprendizagem. Faça-o com serena competência e com um brilho no olhar.

Formas Bondosas de Comemorar

CAÇA AO TESOURO NO DIA DO ANIVERSÁRIO

Quando Bev e eu éramos noivos, obtive permissão de sua companheira de quarto para entrar no apartamento em que ela morava. Era aniversário de Bev e ela estava trabalhando. Escondi cartões de felicitação por todo o cômodo. Cada cartão estava dentro de um pequeno envelope numerado. Eu sabia que ela entraria no apartamento e deixaria as chaves numa pequena bandeja. O envelope nº 24 — representando seus 24 anos — foi deixado ali. Eu esperava que ela percebesse que poderia haver mais 23 escondidos pelo apartamento. Escondi os envelopes em vários lugares — até dentro de um pote de sorvete (que eu sabia que ela ira tomar antes de ir para a cama), sob seu travesseiro, dentro de um sapato, por toda a parte. Por volta da uma hora da madrugada, acordei com um telefonema de Bev me dizendo, toda entusiasmada, que havia descoberto todos os cartões, menos dois. Onde estavam?

Doze anos depois, ainda recordo com carinho e apreço essa experiência. Bev também.

— Depoimento de Jack D. Osman, Ph.D.

VOCÊ SE LEMBRA? COMEMORAÇÃO DE ANIVERSÁRIO

Ao atingir certa idade, alguns de nós acham que a juventude já passou e que a nova página da vida não será tão emocionante. À medida que envelhecemos, se o futuro não promete ser tão excitante quanto o passado, este pode se tornar mais encantador.

Tenho uma amiga querida que ao fazer 40 anos se sentiu um pouco triste. Quando seus amigos lhe entregaram os usuais e divertidos cartões para idosos, isso só aumentou a sua sensação de perda. O marido chegou mesmo a levá-la a um cruzeiro, convidando sete de suas amigas mais íntimas para ajudar a celebrar a data. Foi divertido, mas a sensação de perda persistia, embora ela procurasse lutar contra esses sentimentos.

Duas amigas de infância compreenderam seu estado de espírito e fizeram um gesto de bondade em sua homenagem. Elas decidiram festejar seus dias de mocidade, levando-a a uma viagem pelo tempo. Conseguiram com sua mãe seu velho uniforme de torcida, alugaram um Mustang 64 conversível e disseram que ela ia partir para uma aventura de sua mocidade. A única informação concreta que lhe deram foram instruções para que estivesse na casa da mãe às 9 da manhã, com um maiô e uma toalha. As amigas também vestiram suas roupas de colégio. Foram de conversível para sua casa, tocando um disco dos Beach Boys, prontas para um dia de folga e de diversão na praia. Tomaram cherry Cokes e flertaram com os rapazes. Não deixaram nada para trás.

Esse gesto de bondade não fez com que os sentimentos de perda de minha amiga desaparecessem, mas contribuiu para seu processo de cura. Nem todo mundo tem senso de humor com relação à própria idade. Para os que não o têm, as brincadeiras a respeito representam uma dupla tortura: em primeiro lugar, devido à sensação de que a velhice vem chegando e, em segundo lugar, por serem considerados ranzinzas. Para esses amigos mais sensíveis, que grande gesto de bondade é *não* caçoar!

Felicidade não é ter o que se quer;
é querer o que se tem.

— Anônimo

FELICITAÇÕES DE ANIVERSÁRIO PARA UMA PESSOA AMADA

Comemorar o aniversário de uma pessoa amada é muito importante. A nosso ver, vai além do costumeiro cartão Hallmark.

Eis algumas sugestões de gestos de bondade originais para incentivar sua criatividade.

Envie felicitações de alguém famoso. Por exemplo: "Suas previsões com relação à política acertaram bem no alvo. Conceda-nos a oportunidade de entrevistá-lo no *Nightline*. Todos nós da equipe do noticiário gostaríamos de desejar-lhe um feliz aniversário e muitos anos de vida." Cordialmente, Ted Koppel.

Coloque num balão de gás, antes de inflá-lo, uma mensagem dizendo algo assim: "Sua presença na minha vida me enche de alegria e sempre me deixa animado."

Contrate alguém de uma escola de música para fazer uma serenata para sua amada com canções de aniversário ou com músicas apreciadas pela aniversariante. Contrate toda a banda! Faça-a marchar rua abaixo até a casa dela tocando "Parabéns a você!"

- Envie um cartão por dia durante toda a semana do aniversário. Se a data for muito importante, como completar 16 anos, por exemplo, envie a seu "brotinho" um cartão para cada ano, comemorando o significado de seus ritos de passagem.
- Prepare um banho quente, bem gostoso, para seu amado e acenda algumas velas junto à banheira. Deixe também um bilhete dizendo: "Feliz aniversário. Ninguém se compara a você!"
- Cupons são sempre divertidos e úteis. Alguns exemplos: "Vale uma lavagem e um polimento no seu carro"; "Vale um trato na sua bicicleta"; "Vale uma lavagem de roupa feita com carinho" e "Vale um serviço de sua escolha, feito com a maior boa vontade".
- Pegue folhas de formulário e coloque o nome do aniversariante no alto da primeira folha. A seguir, escreva esta decla-

ração: "Eu te amo mais que todos os chocolates da loja de doces, mais do que todas as estrelas que há no céu, mais do que todos os peixes do mar", etc. Deixe uma caixa de canetas com ponta de feltro por perto para que outras pessoas façam o mesmo. Depois embrulhe o presente de aniversário no papel colorido que você mesma criou.

UMA COMEMORAÇÃO: UM GESTO DE EXTRAORDINÁRIA BONDADE

Comecei a sentir uma certa tristeza à medida que o meu 60º aniversário se aproximava. Fui golpeado pela certeza de não ser mais jovem, cheio de expectativas e de esperanças, uma pessoa de futuro promissor.

Minha esposa, Suzanne, percebeu meu estado de espírito e decidiu comemorar meu aniversário de um modo especial. Nessa data, estávamos na Alemanha, onde eu dava um seminário. Suzanne tivera o dia livre e o passou perambulando por uma floresta nos arredores, catando — imagine! — 60 coisas diferentes que ela achou pelo bosque. Havia uma pena de ave, um pedaço de musgo, uma casca de árvore, pele de cobra, uma enorme variedade de flores silvestres, pedras, etc.

Suzanne espalhou todas as 60 peças sobre a mesa da sala de jantar que ocupávamos e — imaginem só! — escreveu 60 bilhetinhos, combinando cada peça que ela havia encontrado com uma de minhas características. Eram 60 felicitações, escritas com o maior amor, ternura e gratidão que eu jamais vi.

"Você é como esta rocha: sólido, confiável, imutável e eterno. Eu amo você, Rocky."

"Esta pena caiu de um pássaro que voava bem alto no firmamento. Eu observo você voando, vejo-o planar e sei que você ainda tem muito que voar. Você preenche maravilhosamente o céu da minha vida."

Acho que você pegou a idéia, não?

Agora, quem você conhece que vai fazer anos em breve? Como você pode comemorar o aniversário dessa pessoa? Acaso a idéia de Suzanne para os meus 60 anos lhe sugeriu algo para essa pessoa especial?

— Depoimento de Sidney Simon

CARTA DE ANIVERSÁRIO DE AMIGOS PARA AMIGOS

Há na nossa vida datas importantes que merecem uma comemoração especial. Nossa querida amiga Suzanne Simon, "a mestra dos aniversários", contou-me certa vez sobre a maneira bela e original com que celebrou os 16 anos da filha.

Ela escreveu uma carta especial a todos os amigos da filha, aos parentes mais chegados e a outras pessoas importantes. Nela, pedia que enviassem outra carta com palavras de sabedoria: uma citação a ser lembrada, um bom livro para ler, uma piada favorita, frases positivas. Ela deu uma festa de aniversário e presenteou a filha com um álbum contendo todas essas cartas maravilhosas. Era um tesouro que superou os sonhos mais fantásticos da garota. A filha e seus amigos passaram momentos inesquecíveis debruçados sobre as cartas, desfazendo-se em lágrimas ou rolando de rir a cada leitura.

Fiquei tão comovida com esse gesto de bondade que assumi, comigo mesma, o compromisso de adaptá-lo para o 75º aniversário de minha mãe, para o "49º e relutante aniversário" de meu marido e para o 40º aniversário de minha grande amiga Anne. A idade pouco importa quando se trata de um ato de bondade. As possibilidades são ilimitadas; basta você pôr em prática seu amor e sua criatividade.

A carta de aniversário a seguir, em que peço que escrevam para minha amiga Anne, é um exemplo de como dar início ao álbum. O bilhete enviado aos amigos e aos familiares era mais ou menos assim:

> Querida:
>
> Anne vai completar os célebres 40 este ano. Sua família e eu estamos preparando uma pequena festa-surpresa para comemorar essa data tão importante e gostaríamos de convidá-la para participar.
>
> Estou anexando uma carta de felicitações especial que eu gostaria que você preenchesse para Anne. Apenas preencha os espaços em branco com votos de felicidade e com bom humor, ou seja criativa e "faça a coisa à sua maneira". Estou preparando um álbum de aniversário para colocar todas as cartas. Por favor, lembre-se de que esta não é uma atividade cultural. Simplesmente registre no papel seus sentimentos sinceros com relação a Anne. Ela vai adorar qualquer coisa especial vinda de você. Se puder, junte uma fotografia. Se não puder comparecer à festa, ponha a carta de felicitações no envelope já endereçado e me avise que você não vem.

SAINDO COM UM SORRISO

Se você tiver sorte na sua vida profissional, você trabalhará com algumas pessoas muito especiais. Se for esperto, comemorará esse fato durante o tempo em que trabalharem juntos. Se, quando se aposentar, você quiser demonstrar-lhes seu apreço, existe uma maneira maravilhosa de se despedir: uma felicitação por escrito e um sorriso.

Tive a sorte de trabalhar com Art. Ele enfrentou muitos desafios, mas chegou a um ponto em que a vida o convidou a dar um pouco em retribuição. Ele adotou a filosofia da Serenidade e da Oração e simplesmente assumiu o compromisso de patrocinar Programas de Doze Passos.

Todo dia se podia ouvir o assobio de Art três quarteirões antes dele chegar no escritório. Ele nunca deixou de me cumprimentar com um sorriso caloroso e uma palavra amável. Uma de suas qualidades ímpares é colecionar para cada ocasião citações que ele freqüentemente usava para suavizar a gravidade de uma situação difícil. Minha citação favorita é: "Se você estiver no Titanic, mudar de lugar não fará diferença." Diante de um homem como esse, você pode imaginar quantas pessoas não gostariam de homenageá-lo quando ele se aposentou. Um de seus colegas, Eddie Martin, juntamente com nossa brilhante técnica administrativa, Cathy Ryan, e uma série de outros amigos e colegas de trabalho, dedicaram-se a reunir suas citações. A coleção acabou como decoração da festa de despedida. Suas citações foram artisticamente ilustradas sobre toalhinhas de mesa individuais que adornavam cada lugar. Elas fizeram tanto sucesso que as pessoas as levaram para casa como lembrança e ainda pediram cópias para dar aos amigos.

Em cada convite havia um pedido para que os convidados trouxessem fotos de Art, que seriam expostas na comemoração, e uma página especial para preencherem com votos de felicidade. Essas páginas foram reunidas num álbum encadernado, que ele guardou como lembrança.

ALIANÇAS DE CASAMENTO: CÍRCULOS DE AMOR

As celebrações são vitais para você expressar seu reconhecimento e mostrar às pessoas o quanto você as aprecia. Ocasiões especiais podem ser um grande presente se as comemorarmos com a consciência do caráter ímpar das pessoas envolvidas.

Nosso casamento (o segundo para ambos) uniu duas famílias. Queríamos encontrar uma forma de celebrar a união da nossa nova família e, ao mesmo tempo, vincular os seus membros com algum tipo de simbolismo que demonstrasse o quanto os amávamos. Compramos anéis de prata para todos os nossos filhos. O anel das meninas tinha como motivo um aro com crianças de mãos dadas e o anel dos rapazes, três aros de prata entrelaçados. Quando trocamos as alianças, incluímos nesse ato nossos quatro filhos. Hanoch ligou-se a meus filhos quando colocou os anéis em seus dedos, e eu me liguei aos seus filhos ao colocar os anéis em seus dedos. Pedimos a um deles, que é poeta, guitarrista e compositor, que compusesse uma música para o casamento. Nossa filha, artista, exibiu alguns de seus belos trabalhos. Essas são apenas formas pequeninas de dizer: "Vocês são importantes para nós porque são inigualáveis, e muito nos alegra tê-los como parte desta família."

BONDADE ATRAVÉS DA MÚSICA

Certa vez, dei a Meladee um broche de Peter Max que dizia: "A música cura" — algo em que ambos acreditávamos. Como nosso corpo tem seus ritmos biológicos próprios, as pessoas reagem sensual e emocionalmente à música. Um casal pode ter uma música especial que, ao ser ouvida, desperta fortes emoções. Outras músicas causam um forte impacto sobre as pessoas, como a *Marcha Nupcial*, *Vivas ao Chefe*, o *Hino da Marinha* e o *Hino Nacional*. Às vezes, uma canção desperta lembranças de grandes tristezas ou de grandes alegrias. Oferecer uma música a alguém de quem você gosta muito pode representar um incrível gesto de bondade.

Nosso casamento foi especial porque nós nos cercamos de amigos e de familiares que participaram da celebração. Foi uma bela cerimônia, ao ar livre, sob um caramanchão, no jardim de rosas de uma casa de estilo vitoriano na região dos vinhedos da Califórnia. Os convidados nos rodearam. Uma música clássica para flauta e violão escolhida por nós inundava o ar como um tributo melodioso ao nosso amor. Um cântico de procissão dava as boas-vindas a cada participante da festa. Paramos diante do rabino e nervosos, mas felizes, pronunciamos nossos votos.

Voltamo-nos, já como marido e mulher, unidos por uma grande

esperança e por um grande sentimento de felicidade. Seguimos pela aléia, ladeados por parentes e por amigos radiantes. De repente, notei que os músicos de câmara estavam tocando *Zippedy-Doo-Dah!* Fiquei espantado. Cochichei: "*Zippedy-Doo-Dah!* Foi isso que você pediu que tocassem?" Minha querida noiva sorriu toda feliz e disse: "Você quer sair correndo pela aléia, querido?" E saímos pulando pela aléia.

Essa alegre melodia foi o presente que Maledee me ofereceu, simbolizando toda uma vida de risos e de bom humor, como também de amor sincero.

Eis algumas canções que podem ajudá-los a comemorar agradavelmente ocasiões especiais que falem ao coração:

Seasons of the Heart
As Time Goes By
Heart to Heart
Bridge Over Troubled Waters
Moon River
Don't Walk Out on Love
This Must be Love
Just the Way You Are
Somewhere Over the Rainbow
You Are So Beautiful

Acrescente a essa lista suas próprias canções favoritas. Use a mais doce de suas fantasias e procure meios de incluir essas músicas nos momentos especiais da sua vida.

O MAPA DO TESOURO

Nossas viagens pelo mundo nos têm dado a oportunidade de conhecer muita gente maravilhosa. Algumas nos abriram, graciosamente, seus lares e seus corações. Nessas ocasiões, um simples agradecimento nos parecia insuficiente para expressar nossa gratidão por sua bondade e generosidade.

Um contrato para lecionar na Noruega veio a se tornar uma dessas experiências inestimáveis. Fizemos muitos amigos íntimos durante essa nossa estada. Os noruegueses que conhecemos eram pessoas alegres, de riso franco e bondade contagiantes e inesquecíveis.

Em agradecimento especial pela acolhida que recebemos, enviamos aos nossos amigos um mapa do tesouro que consistia num mapa ampliado do país com fotos que havíamos tirado. Cada experiência foi sinalizada no mapa com fotos e comentários sobre cada uma delas. Muitos desses comentários foram realçados com brincadeiras e com versos de canções que havíamos cantado juntos.

Uma canção que aprendemos com nossos amigos noruegueses foi *Sang Till Friheten* ("Você é a melhor pessoa que eu conheço"). Como um presente a nós, nosso amigo Marrit Nesvold traduziu-a para o inglês, e vamos partilhá-la com vocês:

Sang Till Friheten

Você é a melhor pessoa que eu conheço.
Você é a pessoa mais querida do mundo.
Você é como as estrelas, como os ventos, como as ondas, como as aves, como as flores das campinas

Você é meu amigo e mentor
Você é minha verdade, minha esperança, meu amor.
Você é meu sangue, meus pulmões, meus olhos, meus ombros, minhas mãos e meu coração.

Liberdade é o seu belo nome.
Amizade, a sua orgulhosa mãe.
Bem-querer é seu irmão
Paz é sua irmã.
Coragem é seu pai.
O futuro é a sua responsabilidade.

Repita o refrão: "Você é a melhor pessoa do mundo."

CARTA DE ANIVERSÁRIO PARA CRIANÇAS

(de Meladee)

Sinto-me muito feliz por ser mãe e madrasta. Como mãe, tenho passado, ao longo de toda a vida, por alguns momentos de felicidade que não podem ser igualados ou repetidos. Como mãe inexperiente, conheci a frustração de ter mais tarefas do que as horas do dia permitiam. Eu queria desesperadamente registrar, nos livros de meus bebês, toda nova gracinha, a data do primeiro dente, o dia em que deram o primeiro passo e todos os outros primeiros acontecimentos. Sentia-me culpada quando o tempo passava e eu não registrava tudo por escrito. Eu não parava de me perguntar coisas como: "E se algo acontecer a mim ou ao meu marido e não houver ninguém para recordar os acontecimentos especiais?"

Decidi comprar um pequeno caderno que levava na bolsa. Cada vez que um dos meus filhos falava uma palavra nova ou fazia algo de novo, eu anotava. Uma vez por ano, no dia de seu aniversário, eu lhes escrevia uma carta, falando de suas mais caras conquistas, de seus brinquedos e comidas favoritas, filmes preferidos, amigos e acontecimentos dignos de nota. Quando cresceram, acrescentei os prêmios que receberam ou coisas especiais que escreveram. Também dizia na carta o quanto eles eram especiais, como era grande o meu amor por eles, e comentava sobre tudo o que eles haviam acrescentado à minha vida durante aquele ano. Fechava, então, o envelope e o colocava em seus arquivos individuais para serem abertos no dia em que completassem 21 anos.

Meus filhos estão plenamente a par de suas cartas de aniversário. Freqüentemente ajudam-me a escrevê-las e lembram: "Não se esqueça de falar do prêmio que ganhei pela minha dissertação" ou "Não se esqueça de incluir a foto daquela minha festa chata".

Essas cartas de aniversário obviamente significam tanto para mim quanto para eles — talvez mais para mim. Ajudam-me a fazer um balanço dos fatos positivos do ano. Ajudam-me a lembrar de olhar meus filhos com bons olhos. Algumas vezes, nós, pais, ficamos tão fartos com as coisas erradas ou triviais que nossos filhos fazem que nos esquecemos de pensar nas importantes, como as pessoas saudáveis e maravilhosas que estão se tornando. Uma carta de aniversário faz com que eu me volte para tudo isso. E não toma tanto tempo a ponto de ser um trabalho cansativo; ela flui do coração. Eu simplesmente tomo notas durante o ano inteiro para avivar a minha memória.

Algumas vezes, preciso admitir, eu me dou ao luxo de incluir algum conselho ou uma passagem de minha vida. Tenho a esperança de que essas coisas possam transmitir a eles pequenos valores da vida quando me esqueço de fazer isso pessoalmente.

Uma de minhas citações favoritas é de Colin McCarty:

> Lembre-se destas coisas: Sonhe e realize. E descubra o quanto você é especial. Seja positivo, pois a sua atitude afetará o resultado de muitas coisas. Peça ajuda quando precisar; busque a sabedoria que o mundo tem e apegue-se a ela. Faça diariamente algum progresso. Comece. Creia. E seja alguém.

Alguns pensamentos que você pode incluir numa carta de aniversário, se tiver o cuidado de não exagerar, são:

> Dê a si mesmo todo valor que você tem. Não menospreze suas qualidades, suas capacidades nem as características que são tão próprias de você. Lembre-se de quanto a vida pode ser preciosa. Use a imaginação. Invista o tempo necessário na concretização de seus sonhos; isso lhe trará uma felicidade que nenhum dinheiro do mundo pode comprar. Não tenha medo. Nenhuma montanha é alta demais para ser escalada se você a escalar de acordo com o seu ritmo.

VOLUNTÁRIA NUM ASILO

A paciente de um asilo, uma senhora com câncer no pâncreas e com poucos meses de vida, reclamava das despesas que a nora fora obrigada a fazer para festejar o aniversário de seu neto. Infelizmente, ela não tinha como compreender essa comemoração tão normal na infância porque, quando criança, nunca lhe haviam dado uma festa de aniversário. Eu quis que ela conhecesse o prazer de uma festa em sua homenagem e lhe disse que ia lhe dar uma festa perfeita, exatamente como ela gostaria. Passamos nossos últimos meses juntas planejando-a em seus mínimos detalhes. As recordações de toda uma vida refluíram até ela durante esse processo. Ela chegou mesmo a falar com parentes de quem estivera afastada durante anos.

Planejar a festa trouxe uma grande alegria e uma nova vitalidade à minha amiga pois a fez passar por experiências e ir a lugares antes fora do seu alcance. Um incidente particular disse respeito ao nosso passeio a uma padaria famosa por suas tortas. Embora tivesse ouvido falar desse estabelecimento, minha amiga nunca havia entrado nele para provar suas especialidades por não ter meios para comprá-las. Quando sugeri que fôssemos até lá e experimentássemos os doces para sua festa, ela se levantou da cadeira e caminhou, sem ajuda, para pegar seu casaco. Era a primeira vez que eu a via caminhar sozinha. Quando chegamos à padaria, ela entrou, bateu com a mão no balcão e falou ao balconista: "Nós vamos dar uma festa!" Pedimos suco de laranja e alguns doces para experimentar. Embora muito doente para fazer mais que mordiscá-los, ela não parou um instante sequer de olhar ao redor, totalmente maravilhada; nenhum detalhe da loja lhe passou despercebido.

No dia da festa, levantou-se cedo e vestiu sua melhor roupa, que estava roída pelas traças, mas, mesmo assim ela orgulhava-se de usá-la. Por volta das 7 horas da manhã, acomodou-se em sua poltrona e tornou-se a Rainha da Festa.

Cada detalhe significava muito para ela. Durante a fase de planejamento, minha amiga revelou muito de si, assumiu uma série de riscos e teve a coragem de superar todos os seus receios, antes que fosse tarde demais. Comemoramos uma vida que conhecera perdas e desilusões, mas aquela festa foi a mais alegre de que participei. Acima de tudo, aprendi muitíssimo acerca do triunfo do espírito humano!

Mesmo uma semana depois da festa, essa mulher que nunca sorria — a vida lhe havia dado poucos motivos para isso — tinha um sorriso de orelha a orelha: "Acho que podemos nos congratular pela festa que demos!", ela dizia. Sua alegria vinha do fato de ter conseguido satisfazer uma necessidade humana muito verdadeira: a de comemorar e de agradecer. Poucas semanas depois, ela morreu.

— Depoimento de Patricia A. Lorda

Gestos de Bondade Feitos com Bom Humor e Jovialidade

HUMOR E JOVIALIDADE

Seja bom para os outros e para si mesmo, com humor e jovialidade. Adotar um comportamento alegre pode lhe trazer enormes benefícios.

- Proporciona uma visão mais ampla das coisas. Nenhum problema é tão grande que não possa ser resolvido. As montanhas de hoje serão as colinas de amanhã.
- As pessoas o considerarão mais acessível.
- Você terá mais energia porque não a despenderá com tensões.

Lembre-se:

- Certifique-se de que o seu senso de humor seja de bom gosto, ou, pelo menos, que não fira os padrões das pessoas a quem é dirigido. Não transforme ninguém em alvo de suas brincadeiras. Embora muitas pessoas gostem de troças, outras podem se sentir ameaçadas, contrafeitas, desafiadas ou provocadas por elas.
- Saber escolher a ocasião para mostrar seu senso de humor é essencial. A mais engraçada das piadas tem gosto amargo se contada em um momento inoportuno.

POLIANA ESTAVA CERTA

Poliana, a eterna otimista, estava certa: acreditava sempre no melhor!

Nossa visão do mundo afeta nossa criatividade, nossa receptividade ao amor e nosso estado de saúde — só para dar alguns exemplos. O riso pode aliviar as mais graves situações. O bom humor é uma coisa preciosa. Num recente estudo a respeito do comportamento humano, perguntou-se às pessoas se elas prefeririam viver sem riso ou sem sexo em troca de um milhão de dólares. A resposta esmagadora foi: sem sexo.

Se você quiser melhorar seu ânimo, compre um presente que o faça rir sozinho: vá a uma loja de presentes ou de brinquedos e compre alguns óculos engraçados. Nossos favoritos são os de tipo Groucho Marx — providos de um narigão e de um bigode — porque eles fazem cócegas no nariz.

A diversão proporcionada pelos óculos Groucho é limitada somente pela sua imaginação. Por exemplo:

- Compre um par de óculos engraçados para cada membro de sua família e os fotografe com eles. Nós fizemos isso e na foto incluímos o cachorro, com seu par de óculos.
- Nos dias de festas, decore a casa com uma porção de coisas engraçadas. Uma árvore de Natal enfeitada com narizes de palhaço, óculos de Groucho Marx, gravatas-borboleta que acendem e outros ornamentos extravagantes.
- Deixe um par de óculos Groucho sobre a sua mesa como um lembrete para você se animar. Nós, em nosso trabalho, estamos sujeitos a muito estresse. Proporcione a si mesmo uma dose diária de bom humor. Isso aumenta a produtividade, ameniza a tensão e ajuda a reter na memória as coisas que se aprendeu.

Quando alguém, sem razão, descarrega tudo em você, contenha o ímpeto de ficar furioso ou de revidar à altura. Ao contrário, ponha seus óculos engraçados enquanto a pessoa está enfurecida. É uma forma saudável de dissipar uma nuvem passageira e de aliviar sua carga de tensão. O exemplo seguinte é bem elucidativo.

Meladee estava intermediando uma reunião entre dois pais, zangados, e o conselheiro da escola, que parecia igualmente zangado.

A discussão se arrastava quando ela teve uma inspiração. "Se eu pedisse, vocês me fariam um favor?", perguntou aos pais.

"O que é?", indagaram.

"Vocês têm de confiar em mim. Arrisquem."

Intrigados, eles concordaram.

Ela se voltou para o conselheiro: "E você? Você também faria? Apenas como um favor?" Ele também ficou intrigado. E, não querendo parecer do contra, concordou.

Ela abriu a bolsa e tirou três pares de óculos Groucho, completos, com grandes narizes cor-de-rosa e fartos bigodes pretos. "Ponham estes óculos", disse. Espantados mas intimidados por sua delicada mas incisiva ordem, eles acederam. "Muito bem, agora prossigam com a discussão."

Seguiu-se um longo silêncio, durante o qual os adversários se olharam através dos óculos. De repente, estouraram de rir. Como a tensão na sala era grande, o riso foi longo e explosivo. Quando pararam de rir, a tensão havia desaparecido.

O pai comentou: "É muito difícil ficar zangado usando estas coisas."

"Eu também não consigo", disse o conselheiro.

A conversa, sem o tom acusatório, prosseguiu. Eles terminaram chegando a um acordo num tempo incrivelmente curto.

Aquele que ri vive mais.

— Mary Pettibone Poole

OUTRAS FORMAS DE INTRODUZIR MAIS BOM HUMOR NA SUA VIDA

Deixe recadinhos ou escreva gracejos nos saquinhos de açúcar dos restaurantes. Por exemplo: Quantos políticos são necessários para trocar uma lâmpada? Resposta: Nenhum. Eles gostam de ficar no escuro.

Quando estiver em casa, escreva nas revistas ou nos jornais observações engraçadas ao lado das fotos de pessoas famosas. Isso despertará um sorriso nos lábios daqueles com quem você vive e que você ama.

Deixe artigos engraçados, como os do livro de Gary Larson, da série *The Far Side,* perto do telefone — para aqueles momentos frustrantes em que o deixam esperando — ou da mesa de café, de forma que um sorriso esteja sempre à disposição.

Guarde um *kit* engraçado em seu carro para dar boas risadas, em vez de se irritar quando está preso no trânsito. Ponha seus óculos ridículos e ganhe um sorriso dos ocupantes do carro ao lado. Nosso porta-luvas está cheio de narizes de palhaço, de apitos e de artigos barulhentos diversos e de outras coisas do tipo.

Mande a alguém um caleidoscópio. Convide-o a admirar suas cores gloriosas para ver se as coisas mudam para melhor.

UMA COLHER CHEIA DE BOM HUMOR AJUDA A ENGOLIR O REMÉDIO

Quando os membros da nossa família, amigos ou colegas estão doentes ou sofrem algum tipo de ferimento, fazemos questão que eles saibam que nós os estimamos muito e queremos ajudá-los a se recuperar mais depressa. Nós lhes damos um banho de pensamentos positivos e acompanhamos sua cura.

Pesquisas médicas devidamente documentadas demonstram que a esperança e o ânimo positivo faz com que nos sintamos bem, melhoram nosso estado de saúde e aumentam a nossa longevidade. Somos senhores de um admirável sistema interno de manutenção da saúde que age como um gerador elétrico de emergência. Quando o corpo não funciona direito, o cérebro dá uma mãozinha para restaurar nosso equilíbrio e nossa energia. O pensamento positivo é a chave.

Não estamos sugerindo que o paciente espere que um gênio apareça e remova o seu mal. Em vez disso, recomendamos otimismo e fé para acelerar o processo de recuperação. Podemos confiar nas drogas receitadas por nossos médicos, ou em estímulos elétricos para aliviar e suprimir os sintomas. Mas nós podemos ativar e realçar nosso prazer natural com bons sabores, música, perfumes, belas visões e experiências sensuais.

Para manter o riso e acelerar o processo de cura, leve uma fita engraçada para um amigo doente ouvir. Dê a ele um *walkman* e um par de fones de ouvido. Em breve, suas risadas encobrirão os "bips" e os outros ruídos dos equipamentos hospitalares, assim como os lamentos e as queixas dos outros pacientes.

Nessa mesma linha, uma organização intitulada Instituto para o Progresso do Comportamento Humano, que estuda a importância do humor para a cura, para a espiritualidade e para a conservação da saúde mental, fornece material para apressar a recuperação.

É quando o humor restabelece as proporções
que nossos olhos se abrem.

— *Lorraine Risly*

Gestos de Bondade entre Amigos

EU A PROCUREI POR ÚLTIMO!

Às vezes nós entramos num jogo com uma amiga em que, de qualquer forma, só sairemos perdendo. É o chamado "Eu a procurei por último". Você pode até sentir um gostinho de mágoa nessa reclamação. Claro, você acredita, realmente, que está se esforçando ao máximo para manter aceso o fogo da amizade. Afinal de contas, você manda cartões em todas as datas comemorativas e nos aniversários. Que mais se pode esperar? À medida que passam as semanas sem notícias da sua amiga, você começa a ficar aborrecida. Você sente falta dela, ou se sente sozinha, e resolve procurá-la.

Quando estão juntas, é sempre muito bom. Sua amiga parece de fato valorizar e apreciar a sua companhia. Mas, quando estão longe uma da outra, repete-se o chavão: "Longe dos olhos, longe do coração." À medida que passa o tempo, aumenta a distância emocional. Você se sente magoada, desvalorizada e preterida.

"Eu a procurei por último", você afirma mal-humorada. "Se gostasse mesmo de mim, ela me telefonaria." E teias de aranha se acumulam no seu telefone.

Então você tem que se decidir: ou mantém a amizade viva, telefonando ou mandando um bilhete, ou não faz absolutamente nada. Você precisa decidir o que é mais importante: ter razão ou conservar a amizade. Eu sei que é duro engolir o orgulho, mas se quiser que a amizade continue você terá que ligar. Imagine como você se sentiria se, por teimosia, se recusasse a telefonar e viesse a saber que a sua amiga se mudou ou, pior, que morreu inesperadamente.

Um vez decidida a entrar em contato, seu bilhete ou seu telefonema deve começar assim: "Eu estive pensando em você, em como gosto de você e na falta que você me faz." Seu bilhete ou seu telefonema não devem começar com recriminações, mas com bondade.

Se você é professora, essa é uma boa idéia para transmitir a seus alunos. Leve para a sala de aula uma pilha de envelopes selados. Distribua-os entre seus alunos e faça-os escrever uma carta sincera para um amigo com quem perderam contato. A turma, em geral, volta à aula superanimada com os resultados.

Se quiser entrar em contato com pessoas com as quais você passou por uma experiência de crescimento pessoal você pode começar com uma chamada telefônica carinhosa de um minuto. Marque de verdade o tempo e ligue dizendo: "Este é um telefonema carinhoso de um minuto para dizer que estou pensando em você e que o estimo por _______." No final do minuto, agradeça, despeça-se e desligue. Espere; em breve, sua amiga vai aparecer.

PIQUENIQUE NO ESTACIONAMENTO

Todos nós conhecemos pessoas com as quais gostaríamos de passar mais tempo, mas cujos compromissos tornam isso difícil. Nosso amigo Matthew Weinstein é uma dessas pessoas especiais. É brilhante, criativo, tem um grande senso de humor e uma alegria tão grande que as pessoas se sentem atraídas por ele. Infelizmente, Matthew está sempre com a "agenda cheia" e, se quisermos encontrá-lo, precisamos ser bem criativos.

Um dos amigos de Matt enfrentou o desafio de inserir-se em seu esquema de trabalho. Descobriu uma maneira de se encontrar com ele e de praticar um ato incomum de bondade. Matt telefonou-lhe dizendo que iria passar por sua cidade, mas que infelizmente só permaneceria uma hora. Poderiam eles se encontrar para um café e recordar os velhos tempos?

O amigo concordou, dizendo que iria encontrá-lo no portão de desembarque do aeroporto. Lá, desistiu do café e levou-o para o estacionamento. Em seu carro, havia uma pequena mesa de piquenique, duas cadeiras, um aparelho de som portátil, um pequeno vaso com uma rosa, café e petiscos. Em breve, o estacionamento desapareceu. Matt e seu amigo festejaram, riram, recordaram e prometeram se encontrar outra vez. Todo esse carinho, todo esse compartilhar, ocorreu em menos de uma hora. Qualidade é o que conta, não quantidade.

AMIGOS E FAMILIARES EM LUGARES DISTANTES

Você se lembra da primeira vez em que foi acampar? Eu me lembro e com muito carinho. Além de todas as atividades próprias do acampamento e das amizades que fiz, lembro-me do pacote de doces e das cartas carinhosas que minha cunhada me enviou. Dividi as guloseimas com o pessoal do acampamento e fiz o maior sucesso. Mais do que isso, o que me marcou foi a sensação de ser apreciada pelas pessoas que estavam comigo.

Minha colega de escola, Sharon, foi estudar na Alemanha, num programa de intercâmbio cultural durante o nosso último ano letivo. Eu queria desesperadamente fazer o mesmo, mas como não confiava nos meus conhecimentos de uma língua estrangeira, preferi a segurança do meu lar.

Admirei o espírito aventureiro e a coragem de Sharon e quis ratificar essas suas qualidades, assim como lembrá-la dos amigos que ficaram para trás. Reuni fotos do anuário escolar e cobri uma caixa com uma colagem de pedaços de tecido, fotos, citações e piadas. Dentro dela, coloquei programas de eventos estudantis, desde a produção de peças teatrais até a classificação dos times esportivos. Juntei jornais da escola e da região e uma série de grandes momentos de Sharon que consegui com sua mãe.

Sharon recebeu a caixa quando as saudades que sentia de casa estavam no auge. Esse gesto fez com que eu me sentisse melhor comigo mesma, apesar de eu não ter tido coragem de fazer a viagem.

Existem muitas maneiras criativas de você se corresponder com pessoas distantes, de quem você sente saudades. Eis algumas:

- Cole uma mensagem especial, uma epígrafe, uma fotografia ou um recorte de jornal num pedaço de cartolina. Faça com essa cartolina um quebra-cabeça e envie, a seu amigo ou à pessoa amada, a cada dia ou a cada semana, um pedaço desse quebra-cabeça. É uma forma divertida de demonstrar o quanto você os estima. Eles apreciarão seu gesto e esperarão ansiosos pela nova peça do quebra-cabeça.
- Em ocasiões especiais, como aniversários, datas comemorativas, promoções, envie um cartão com uma mensagem simulada de alguém famoso. Por exemplo: "Aprendi muito sobre o amor com você. Feliz aniversário." Leo Buscaglia.
- Cartões fotográficos são muito engraçados. Descubra, entre as fotos de sua família, ou de seu namorado, uma bem ridícula e mande fazer um cartão-postal, serviço executado em muitas lojas que revelam fotografias. Inclua no cartão uma mensagem bem divertida. Será uma bela lembrança.
- Grave em fita as músicas favoritas da pessoa amada e no final acrescente uma mensagem especial, lembrando-a de que, embora distante, ela nunca esteve longe do seu coração.
- Caso você viaje para longe de seus familiares, deixe para cada um deles bilhetes carinhosos para serem abertos a cada dia, enquanto você estiver fora. Essa idéia faz muito sucesso com os filhos pequenos, que se ressentem de ficar sozinhos quando os pais viajam. Junte a cada bilhete uma pequena lembrança, como um doce ou uma bala de goma. Um acróstico ou um recadinho especial também são algo muito emocionante de receber.

O AMIGO "CALDO DE GALINHA"

O amigo "caldo de galinha" é aquele que lhe traz uma refeição salutar quando você está doente. É a pessoa que está sempre por perto quando você precisa.

Um ato de bondade feito em grupo é a "cadeia de jantares" — uma refeição nutritiva oferecida a cada noite por uma pessoa diferente. Para dar início a essa cadeia, escreva um bilhete — com um calendário anexo — mais ou menos assim:

> Como você deve saber, Jim está se recuperando de uma operação e passando por um momento difícil. Você gostaria de colaborar conosco no sentido de ajudá-lo a se restabelecer logo, oferecendo-lhe um jantar este mês? Se puder, marque no calendário o dia em que você gostaria de preparar e de levar o jantar para Jim. Se precisar de ajuda para entregar a comida, por favor, comunique-se conosco e daremos um jeito.
>
> Jim precisa seguir uma dieta especial, como segue abaixo. Por favor, use utensílios descartáveis para que ele não se sinta na obrigação de devolvê-los após a refeição.

Outro ato de bondade é preparar duas marmitas, em lugar de uma, e levar uma delas a um amigo, a um vizinho ou a um doente em resguardo. Preparar duas marmitas não representa esforço em dobro, mas o gesto de amor irá duas vezes mais longe.

— Depoimento de Sid Simon

Gestos de Bondade em Família

OBRIGADO, MAMÃE!

As mães estão sempre se sacrificando pelos filhos. Olhe para trás e lembre-se das vezes em que sua mãe se privou de algo para que você pudesse comprar aquele brinquedo que tanto lhe agradava. As mães estão sempre por perto quando se precisa delas.

Embora as homenageemos no Dia das Mães, elas se sentirão realmente especiais e queridas se as homenagearmos quando elas menos esperam. Tente esta nova jogada: no dia do seu aniversário, envie flores à sua mãe com um cartão carinhoso de agradecimento. Por exemplo: "Obrigado por ter me dado a vida. Eu te amo muito."

Esse único e singelo gesto de inesperada bondade basta para proporcionar à sua mãe uma grande alegria e um grande orgulho por ter conseguido fazer de você uma pessoa tão boa.

"É A SUA VEZ"

O sonho de muitos casais é trocar pequenas delicadezas como massagear a nuca, ou coçar as costas. Infelizmente, algumas pessoas sentem a necessidade de fazer uma cobrança, como "Você me deve isso" ou "É a sua vez". Às vezes, a gentileza de um gesto de amor é subvertida por um jogo encoberto.

As recomendações a seguir podem ajudar a restabelecer a bondade e o amor com relação a essa troca de favores, pequenos mas tão íntimos.

- Dê generosamente, sem esperar nada em troca.
- Quando ele ou ela lhe pedir para coçar-lhe as costas ou massagear-lhe a nuca, faça-o com boa vontade, sem suspirar. Trata-se de um pequeno prazer que não exige muito esforço.
- Não espere agradecimentos verbais. Tenha por certo que seus gestos são apreciados.
- Deixe que seu companheiro caia no sono. É sinal de que você foi eficiente.
- Não use o gesto de bondade com propósitos sexuais, a menos que seu parceiro esteja na mesma sintonia. Trata-se de um gesto simples de bondade do qual você não deve procurar obter gratificação.

PARA MANTER UM RELACIONAMENTO VIVO E FELIZ

Nossos amigos Rosemary e Harry Wong seguem um maravilhoso ritual para manter seu relacionamento vivo e feliz. A cada seis semanas, eles se revezam para programar um passeio de alguns dias e reservam essa data em suas agendas. O parceiro encarregado da programação mantém em segredo a nova, alegre e criativa viagem.

Essa é uma forma excelente de estimular a comunicação, de favorecer a intimidade e de dar novo fôlego ao relacionamento. A monotonia da vida diária pode nos embotar. Pequenas aventuras, por outro lado, são gratificantes, porque nos estimulam.

Se você quiser praticar esse ritual, informe ao companheiro apenas o que for estritamente necessário: o que levar, o que vestir, quando estar pronto para a viagem. Se preferir, você pode fornecer algumas pistas. Uma forma divertida de dar essas pistas é enviar a pessoa amada a uma caça ao tesouro, para que ela descubra aonde vocês vão. Comece por mandá-la a uma livraria comprar um livro que tenha algo que ver com a surpresa.

Eis algumas idéias engraçadas para estimular sua criatividade e imaginação:

- Dêem um passeio de bicicleta. Peguem a balsa de São Francisco para Angel Island. Lá existe um circuito de sete milhas, próprio para ciclistas, com mesas de piquenique à margem da estrada. Nos fins de semana, guias estão à disposição para contar a história da ilha. Descubram um belo lugar nos arredores para andar de bicicleta e fazer um piquenique.
- Passem um fim de semana numa aconchegante cabana no campo, sem telefone ou televisão.
- Que tal uma massagem completa? Que coisa maravilhosa ser surpreendido com um presente como um vale para uma massagem completa! Isso é ao mesmo tempo revigorante e relaxante.
- Comprem entradas para um concerto ao ar livre.
- Façam um piquenique e admirem o pôr-do-sol.
- Caminhem numa praia deserta e catem conchas.
- Divirtam-se com um festival de música. Há festivais por toda parte; basta procurar. Experimentem um estilo musical novo e diferente.
- Freqüentem uma escola de palhaços. Barnum and Bailey oferecem diversos desses cursos em todo país.
- Tomem aulas de dança.
- Participem da comemoração do Dia da Terra. Numerosas cidades o festejam e oferecem boa comida, música, artesanato e idéias para economizar energia.
- Vão uma noite a um jantar teatral. Uma nova tendência nessa linha, que consideramos uma experiência muito engraçada, é o "Teatro de Crimes Misteriosos". Durante o jantar há um falso assassinato. Os comensais passam a noite tentando descobrir quem o cometeu.
- Inscrevam-se no acampamento da grande liga de beisebol para adultos.

- Comprem entradas para ver seu comediante favorito quando ele se apresentar na sua cidade.

NÃO FIQUE MALUCO!

Nem todos os pais gostam de disciplinar os filhos, mas, para criar uma meninada bem ajustada e bem equilibrada, você precisa estabelecer limites bastante precisos e mostrar claramente as conseqüências. Essa tarefa não é nada agradável, mas precisa ser feita.

Eis dez etapas para que, nessas circunstâncias, predomine a bondade:

1. Inspire fundo e expire devagarinho.
2. Conte até 10, bem devagar. Isso o acalmará o suficiente para que você não ceda ao impulso de gritar ou de construir uma barreira de crítica negativa com relação à falta cometida — somada a todas as outras do passado.
3. Seja preciso. Ao discutir o problema, atenha-se ao presente. Evite comentários como "você sempre" ou "você nunca".
4. Peça a seu filho que lhe repita em voz alta a regra que ele violou. Caso não se trate de uma norma estabelecida, defina a regra básica e frise as conseqüências que advirão de seu rompimento para que, da próxima vez, ele venha a fazer uma melhor escolha.
5. Deixe-o contar sua versão dos fatos e escute-o sem interromper.
6. Mostre o que ele tem de fazer para melhorar as coisas ou explique as conseqüências da infração. Enfatize sobretudo a maneira pela qual ele pode consertar o que quebrou, devolver o que usou ou completar o dever que esqueceu. Ensinar uma forma de resolver problemas constitui uma grande bondade. Afinal de contas, seu objetivo não é castigar, é? Seu objetivo é ensinar seu filho a distinguir entre o bem e o mal, e a se

pautar por bons hábitos e valores. Para atingir esse objetivo, é preciso dar-lhe a chance de reparar seus erros.

7. Pergunte-lhe o que fará da próxima vez em que se vir diante de um desafio.
8. Escute.
9. Faça-o ver que são as suas ações que fazem você ficar aborrecido, e não ele como pessoa.
10. E, por último — e o mais importante de tudo —, abrace-o ou peça-lhe um abraço quando a questão tiver chegado ao fim. Isso dá ao jovem a certeza tátil e emocional de que você não gostou do que ele fez, mas que, apesar de tudo, ele ainda é amado e capaz de fazer melhor!

Caso se trate de uma infração realmente grave, sente-se diante de seu filho, frente a frente, segure-lhe as mãos e converse com ele calmamente. Diga-lhe o quanto isso é difícil também para você. Confesse que você também, algum dia, já fez uma má escolha. Tenha a coragem de mostrar que você é imperfeito e permita que ele também o seja.

É nos momentos em que menos merecemos um abraço
e um apoio que mais necessitamos deles.

— Glennis Weatherall

FAÇA ALGO DE LIVRE E ESPONTÂNEA VONTADE

Todos somos imperfeitos. Essa é uma das características que definem o ser humano. Da imperfeição resultam erros de julgamento — muitas vezes nos enganamos. As outras pessoas, por estarem distanciadas, podem reconhecer melhor os nossos erros. Quando a situação se inverte e são os nossos pais, o nosso cônjuge ou os nossos filhos que estão errados, é fácil esquecer os próprios erros e dizer: "Bem que eu lhe avisei!" Em vez de agir assim, mesmo que não o confesse, releve uma vez ou outra a culpa. Não lhe custa nada e faz a outra pessoa se sentir muito melhor por não ter de reviver os seus erros. Ela provavelmente já deve estar se sentindo bem mal com as coisas como estão.

Da mesma forma, ceda de vez em quando e deixe a pessoa que você ama vencer um jogo ou uma discussão. Você sabe que poderia ter ganho mas, assim, existirão dois vencedores em vez de um. E todo mundo fica feliz.

Constitui também um gesto de boas-vindas à pessoa amada fazer um trabalho especial ou deixar uma tarefa caseira pronta para quando ela chegar, com um bilhete mais ou menos assim: "Eu te adoro e hoje quis fazer algo por você!" Ou: "Saudações! O elfo da lavanderia esteve aqui para lavar a sua roupa!"

Nenhum gesto de bondade é desperdiçado.

— William Purkey

AS PEQUENAS COISAS DA VIDA

Os meios de comunicação exercem uma tremenda pressão sobre as famílias para que proporcionem aos filhos passeios dispendiosos a parques de diversões, roupas de marca ou tênis de 299 dólares.

Cada vez que nos damos conta de que estamos nos deixando levar pelo consumismo e sentindo a necessidade de um hausto de realidade, lemos uma das muitas citações que sempre temos à mão. Essa citação especial nos foi dada por uma amiga que trabalha em tempo integral, e tem marido, quatro filhos e uma fazenda para cuidar: "A coisa mais importante que você pode dar a seu filho é seu tempo."

Então qual é o seu segredo? Como ela pode ter tempo para os filhos, se tem tantas responsabilidades? "Faça de uma coisa simples algo extraordinário", ela disse. "Eu os levo a *grandes lugares* e a *grandes passeios*."

Seus filhos lembrarão e apreciarão as pequenas coisas que você transformar em grandes aventuras. Eis algumas sugestões:

- Leve-os a desfiles e aos mais belos parques que possa encontrar.
- Organize um piquenique especial e inclua os quitutes favoritos de seus filhos. Leve uma bola, um *Frisbee* ou jogos divertidos.
- Quando der a mesada de sua filha, mostre-lhe o quanto ela pode economizar e o que pode comprar. O fato de ela ter a liberdade de escolher lhe confere uma sensação de poder. Mostre que você aprova as decisões dela.
- Leve sua família à biblioteca ou ao museu para que comecem a ter consciência das possibilidades que a vida oferece.

Muitas famílias têm um orçamento apertado, mas sempre se pode dividir com os filhos toda a riqueza que existe em planejar e preparar um programa. Durante o planejamento, dedique-se por inteiro a eles. Afaste da mente qualquer outra coisa.

Transforme o acontecimento em algo muito especial, reservando para o final um *ice-cream soda*, ou levando taças de champanha de verdade para brindar a ocasião com cidra espumante. Homenageie os momentos únicos que passaram juntos. Faça da carcaça de uma geladeira uma casa de brinquedos; numa noite estrelada derreta alguns *marshmallows* numa fogueirinha no quintal e cante para eles uma canção de aniversário que você mesmo compôs. Nos anos que virão, essas lembranças provavelmente serão as favoritas de seus filhos.

Quando nossa filha mais velha, Shayna, tinha cinco anos, alguém lhe deu de presente um brinquedo eletrônico muito caro e sofisticado. Ele falava, andava, acendia luzes e atendia a vozes de comando. Shayna, encantada, brincou com ele durante 45 minutos até que, devido à sua estrutura complexa, mas frágil, o artefato quebrou irreparavelmente.

Mergulhada em lágrimas de frustração, Shayna só parou de chorar quando viu o pai fazendo buracos na embalagem de papelão em que viera o presente.

"Olhe, Shayna, veja como podemos transformar isto numa espaçonave!", disse Hanoch.

Ele se sentou no chão e a fez participar da brincadeira. Pegou lápis de cor, régua, cola e tesoura. Sentados no carpete da sala, os dois decoraram a nova espaçonave e, na maior felicidade, a fizeram voar pelo universo. Esquecendo as lágrimas, Shayna descobriu as maravilhas do papelão associado à imaginação.

Ainda hoje Shayna — que logo vai se casar — se lembra da espaçonave mágica, enquanto a lembrança do brinquedo caro se apagou.

Mesmo as coisas mais simples da vida podem se tornar especiais graças ao poder mágico que os pais têm aos olhos dos filhos. Através da alegria de seus filhos, você reencontrará a exuberância e a ingenuidade da sua meninice.

UMA NOTA PARA OS MAIS SÁBIOS

Apesar dos equipamentos que nos poupam trabalho e dos aparelhos de alta tecnologia projetados para facilitar a vida, o tempo parece fugir de nós.

"Não tenho tempo para isso", dizemos queixosos.

O falecido Harry Chapin escreveu uma canção comovente, intitulada "*Cat's Cradle*", que conta a história de um pai sempre ocupado demais para passar alguns momentos com o filho. O doloroso refrão diz: "Quando você vem para casa, papai?"

"Não sei, mas então ficaremos juntos, filho, então ficaremos juntos."

A cada verso, o garoto vai crescendo, mas os negócios do pai prosseguem. O tempo que queriam passar juntos vai sendo adiado.

De repente, o filho já é adulto e muda-se para longe. O pai, agora aposentado, pergunta: "Quando você vem para casa, filho?" Dá para adivinhar a resposta do filho. Afinal, ele queria crescer e ser exatamente como o pai.

Compare essa história com a de um jornalista muito conceituado na redação da Associated Press, em Seattle. Patrick Connolly ia para o trabalho antes de seus filhos acordarem e, como muitos pais, costumava voltar para casa depois que eles já tinham ido para a cama.

Ele então encontrou um jeito para transmitir seu amor, seus valores e seu talento aos meninos: ele partilhava seus pensamentos por meio de bilhetes, em que aproveitava seu dom para o humor e para a caricatura.

Connolly reuniu centenas desses bilhetes, caricaturas, pitadas de sabedoria e amor num livro intitulado: *Love, Dad.* Um ataque cardíaco fulminante afastou definitivamente Connolly de seus filhos aos 42 anos, mas, para recordá-lo, eles contavam com esse maravilhoso legado. Às vezes nossa vida está repleta de coisas para fazer. O tempo, porém, é um artigo de luxo. Talvez a solução encontrada por Pat Connolly — escrever — seja para nós uma boa saída. Escrever alguma coisa. Não precisa ser um trabalho literário, apenas algo que venha do coração. Isso pode se tornar um tesouro para a família.

Eis algumas formas adicionais de expressar amor à sua família por escrito:

- Ponha um bilhete na lancheira de seu filho: "Você fez um belo trabalho limpando a cozinha ontem a noite, querido. Eu gosto muito de você", ou "Obrigada por se esforçar tanto na escola. Seu boletim me diz que você está no caminho certo."
- Na lista semanal do supermercado, faça um círculo ao redor dos ingredientes do seu prato favorito e escreva: "Eu adoro este prato e sei quanto amor você coloca nele ao fazê-lo."
- Gary Larson, autor das ilustrações do livro *The Far Side*,

edita um calendário ilustrado. Recicle os cartões, tirando a data e escrevendo uma palavra de amor ou uma afirmação neles. Isso é reciclar com o coração!

- Se é você quem cuida da roupa da sua família, coloque bilhetinhos carinhosos no meio das peças.
- Esconda um bilhete de amor na bagagem da pessoa amada para que ela leve de casa uma lembrança doce e carinhosa na sua viagem. Isso pode mesmo ajudá-la a dormir melhor.
- Componha uma canção de amor simples com suas próprias palavras, adaptando-a à música de uma velha melodia; por exemplo, à música de "*Row, row, row your boat*". Componha uma letra personalizada como:

  I love Mac so much, he's really fun to hug.
  Merrily, merrily, merrily, he's my little bug.

- Aprenda a dizer "Eu te amo" na linguagem dos sinais.
- Escreva "Eu te amo" na palma da mão da pessoa amada.
- Envie cartas ou cartões postais a seus filhos ou ao seu cônjuge, mesmo que eles não estejam ausentes. É divertido receber uma carta por qualquer motivo, ou mesmo sem nenhum motivo.
- Escreva um bilhete num balão de gás e o guarde num lugar inusitado, como num armário, na copa, no banheiro ou numa mesa de trabalho.
- Se você tem em casa um computador, use os programas *Print Shop* ou *Bannermania* e crie faixas com mensagens de "Bem-vindo ao Lar" ou de "Parabéns".
- Faça um coração de papelão. Escreva "Eu te amo" e recorte-o em pedaços, formando um quebra-cabeça. Coloque-o num envelope para que a pessoa que você adora o encontre e una os pedaços.
- Faça uma colagem de amor. Nossa filha mais velha fez uma grande colagem com temas artísticos, fotografias nossas, con-

chas e expressões engraçadas para nos dar de aniversário. Para nós, a colagem valeu seu peso em ouro.

- Escreva uma piada boba do tipo "bate-bate":
  "Bate, bate.
  Quem é?
  É o quero.
  Quero quem?
  Quero você."
- Diga "Eu te amo" em várias línguas:
  Em francês: *Je t'aime.*
  Em espanhol: *Te quiero.*
  Em alemão: *Ich liebe dich.*
  Em italiano: *Io ti amo.*
- Encha de nozes um bonito jarro, enfeite-o com uma fita e escreva um bilhete assim: "Nunca se esqueça de 'nós'."

Valorize o que você faz e faça
aquilo que você valoriza.
— Values Realization Institute

Suas úlceras não aumentam
enquanto você ri.
— Hunter Adams M.D.

APRENDA COM OS MESTRES

Certa vez tivemos uma conversa com nosso amigo Eric a respeito de gestos de bondade no relacionamento. Na sua opinião, o segredo para manter um relacionamento vivo era realizar gestos de amor repetidos regularmente.

"Nunca perco a oportunidade de mandar-lhe flores", ele dizia. "Não compreendo por que os homens casados não percebem isso mais cedo."

Foi feita recentemente uma pesquisa com pessoas casadas há 25 anos ou mais. Quando inquiridos sobre o segredo desse longo e feliz matrimônio, a resposta-padrão era: Cultivar o amor a cada dia.

Você lê os clássicos, admira e aprecia a arte, ouve boa música composta por autores famosos? Escritores, artistas e músicos tentam, em sua arte, imitar os mestres. Na forma artística do amor, aprenda e imite os gestos de amor dos mestres, ou seja, os casais que fizeram seu casamento durar muito tempo. Reserve um dia para estudar as estratégias de relacionamento desses casais que fizeram do ato de dar e de receber amor uma rotina diária. Isso pode atear uma chama de criatividade e de entusiasmo na sua relação.

ESTAR PRESENTE POR INTEIRO

As pessoas exigem muito do nosso tempo diariamente: dos nossos filhos aos nossos chefes e aos nossos esposos. Não poder atender satisfatoriamente a essas exigências é frustrante. Encontrar tempo para nós costuma ser impossível. Agendas lotadas podem significar que nossa mente não tem capacidade para se preocupar com mais nada.

Eu tinha voltado para casa, exausta, depois de um dia duro de trabalho. Comecei a preparar o jantar, pus a roupa na máquina e ajudei meu filho com a lição de ciências. Liguei a secretária eletrônica e, enquanto colocava os jornais velhos no recipente de reciclagem, ouvi as mensagens. Minha filha, toda animada, me seguia por todo lado, falando de algo que acontecera na escola. Eu estava ouvindo só pela metade, extremamente cansada e aflita, temendo não ter forças para fazer todo o serviço de casa antes que minhas energias se esgotassem.

Por fim, cansei-me de tanta tagarelice. Eu estava irritada pelo fato de ela estar me apoquentando quando eu tinha tanto que fazer. Parei no mesmo instante, com a intenção de gritar: “Mamãe está ocupada! Deixe-me terminar o jantar que depois vou ouvir tudo o que você tem a dizer."

Teria sido fácil gritar, mas eu me sentiria ainda pior e teria tratado mal a minha filha.

Então, respirei fundo, expirei lentamente e disse: "Eu gostaria de falar com você depois do jantar, quando estão poderemos conversar e ouvir o que cada uma tem a dizer, sem todo esse barulho e essa confusão dos afazeres domésticos. Eu vou encontrá-la no sofá azul às 7 da noite. Por favor, ajude-me com o jantar para que eu possa estar pronta a tempo de relaxar e de realmente apreciar o que você tem a dizer."

Obtive a ajuda extra, e minha filha, toda a minha atenção.

Um gesto simples de bondade é estar presente por inteiro diante de uma outra pessoa. Isso demonstra que você está dando tudo de si, pois ela merece. Revela também o quanto essa pessoa significa para você, permitindo-lhe esperar o mesmo dela. O laço entre vocês se fortalecerá devido a esse grau de atenção.

Da próxima vez que surgir uma oportunidade, faça isso. Seja um bom ouvinte, olhe a pessoa nos olhos, escute como se fosse a mais importante informação que já ouviu e resista à tentação de interromper. Sorria; se for o caso, faça um sinal de aprovação com a cabeça e aproveite o momento. Esse é um dos prazeres mais saudáveis da vida.

Tempo, tempo, tempo;
quem me dera ter mais tempo!

— Ditado popular

AQUELA FOTOGRAFIA DO MOMENTO PERFEITO

Você já enfrentou o problema de não saber o que dar de presente a seus avós em seu aniversário ou para comemorar uma data especial? Eles parecem ter tudo, e um novo liqüidificador não parece ser um presente pessoal ou suficientemente bom. Quando atingimos determinada idade, passamos a compreender o valor das lembranças em oposição ao "valor das coisas".

Se os seus parentes estão longe, é fácil deixar que as datas importantes passem em branco. Uma maneira que encontrei de homenagear as pessoas de uma forma muito boa é presenteando-as com um calendário fotográfico.

Esse presente faz muito sucesso, não apenas com os avós mas com toda a família. (Consulte a Seção de Informações no final deste livro, para mais dados.)

Capte os momentos especiais levando sua máquina fotográfica ao maior número de eventos possível. As fotos inocentes e as tiradas de surpresa são as mais divertidas.

Envie a foto para o laboratório fotográfico acompanhada de umas poucas palavras, e logo você receberá o calendário pronto (e a foto original).

Gestos de Bondade no Local de Trabalho

ATENDA COM UM SORRISO

Se você é dono de um negócio, oferecer um serviço de primeira é um gesto de bondade que você deve sempre proporcionar a seus clientes.

Um bom serviço não é uma moda passageira: está sempre na ordem do dia. Prestar atenção aos menores detalhes, ouvir os fregueses com atenção e investir na formação dos empregados fazem que as pessoas se sintam bem e voltem ao seu estabelecimento.

Cuide bem dos seus clientes. Um atendimento personalizado funciona bem com todo mundo. É cinco vezes mais caro conseguir um cliente novo do que conservar um antigo. Estudos têm demonstrado que 91% dos clientes insatisfeitos nunca mais comprarão de você ou solicitarão os seus serviços. Se você se esforçar por atender às reclamações dos consumidores, cerca de 82% a 95% dos clientes permanecerão fiéis a você.

Escute e responda a seus clientes com sinceridade sempre que possível. O freguês exige um bom atendimento, mas só volta à sua loja porque a atenção que você demonstra exerce sobre ele um efeito emocional positivo.

A gentileza faz diferença: os sete segredos do sucesso

1. Contrate gente que goste de gente. Treine seus funcionários e trate-os bem.
2. Peça a seus clientes para definirem o que eles entendem por gentileza e leve seus empregados a agirem de acordo com essa definição. Converse com seus clientes e pergunte-lhes

o que, na opinião deles, está faltando para que obtenham um bom serviço. Torne seus empregados mais conscientes para que correspondam aos novos padrões de gentileza.

3. A conduta é tudo. Empregue um pessoal que seja atencioso e receptivo ao tipo de atendimento que você está tentando introduzir no seu estabelecimento. Ao entrevistar os candidatos ao emprego pergunte como reagiriam diante de algumas situações típicas que ocorrem no trato com o público.
4. Treine sem traumas. Invista no aperfeiçoamento de seus empregados tornando-os mais capazes de resolver os problemas por conta própria. Isso lhes delegará poder e criará um clima de lealdade com relação à empresa, pois esta se preocupa com o seu desenvolvimento profissional.
5. Dê prêmios aos empregados que pouparem o dinheiro da companhia ou institua um plano de participação nos lucros da empresa. Programas de incentivo estimulam o sucesso.
6. Dê aos seus empregados liberdade de ação. Dê a eles a liberdade de agir e de falar e o poder de tomar decisões que resultem, em última análise, na satisfação do freguês.
7. Reconheça, valorize e apóie continuamente seus empregados.

ESCUTE, COMPREENDA, RESPONDA

Não existe uma forma perfeita de atender os clientes. O empregado consciencioso sabe que sempre tem mais a aprender. Eis algumas "sugestões" para um melhor atendimento ao cliente:

- Mostre que você se preocupa com ele. Pergunte: Ao fazer negócio com a nossa empresa, o que mais lhe agrada? Você nos considera dignos de confiança? Se não, na sua opinião, em que ponto podemos melhorar?
- Permita que seus horizontes se expandam. Proporcione aos

seus empregados um dia de desenvolvimento profissional para que entrem em contato com os concorrentes e tragam informações de como eles tratam os fregueses.

- Crie uma "linha direta" e gratuita com o consumidor. Mantenha-se a par dos seus problemas.
- Institua um "quadro de sugestões do consumidor" que o mantenha regularmente em contato com eles e lhe permita oferecer a eles compensações.

O QUE VOCÊ FAZ NUNCA É DEMAIS — MAIS DICAS PARA O ATENDIMENTO AO CLIENTE

- Lembre-se do nome dos seus clientes.
- Conserve seu estabelecimento impecavelmente limpo.
- Decore-o com flores frescas.
- Invista num ambiente atraente.
- Exija presteza e precisão.
- Seja honesto quanto à durabilidade dos aparelhos.
- Atenda o cliente com um sorriso sincero.
- Quando surgir um problema, não discuta — peça desculpas e corrija o erro.

O que você faz nunca é demais, ou é?

Algumas empresas discordam dessa filosofia. Elas acreditam na chamada "regra dos 80/20", que diz: "80% do seu tempo é despendido com 20% dos seus clientes" ou "80% do lucro da sua companhia vem de 20% dos seus clientes". Qualquer que seja a versão, a idéia básica consiste em concentrar esforços nos clientes mais lucrativos.

Enquanto escrevíamos este livro, duas empresas gigantescas do grupo Fortune, com 500 subsidiárias, anunciaram que estavam despedindo milhares de empregados. Uma dessas empresas alegou que a demissão em massa, necessária para salvar a companhia, ocorreu devido aos seguintes fatos: a) a difícil situação da economia mundial e a ação deletéria dos concorrentes japoneses, ou b) uma administração extremamente incompetente.

Em ambos os casos, cerca de 86.000 operários voltarão para casa, desempregados. A coluna do lucro líquido é o fator decisivo: a empresa encerrará as suas atividades se os empregados não forem despedidos.

A outra empresa está despedindo 13.000 operários para se tornar mais lucrativa. Apesar de auferir lucros fantásticos, gerados por esses 13.000 empregados às vésperas de sua demissão, os sábios líderes dessas empresas querem ainda mais lucro, de forma que estão "equacionando" — eufemismo usado para justificar a exoneração de todo mundo, com exceção daqueles que usam o termo: "Nós vamos apertar o cinto." Sim, dos outros!

O que vai acontecer com essas 13.000 pessoas? Elas terão meios de comprar os bens fabricados pela companhia em que trabalhavam? E, mais ainda, o que acontecerá com a motivação e com o *esprit de corps* dos trabalhadores que não foram despedidos? Eles permanecerão leais, criativos, empenhados em incrementar a competitividade da companhia? A nosso ver, eles serão movidos pelo medo, trabalhando apavorados, estressados, impacientes, assustadoramente competitivos e/ou indiferentes ou revoltados. Todo mundo, inclusive o cliente, sai perdendo.

FAX DE BONDADE

O fax é um meio de comunicação recente que pode ser usado de uma forma nova e mais afetuosa se acrescentarmos:

- Uma simpática nota pessoal para promover a amizade entre as pessoas.

- Um pouco de humor —

  Escolha um tipo de letra pouco usado para exprimir uma idéia. Junte à mensagem uma piada relacionada com o assunto ou uma citação engraçada.
- Anexe uma caricatura que ilustre bem o que você quer dizer. Tire do jornal a foto de uma pessoa famosa e coloque-a dentro de um círculo com uma legenda que reforce a sua mensagem.
- Quando necessário, um pedido de desculpas, escrito pelo próprio punho, para torná-lo mais sincero e mais genuíno.
- O reconhecimento do valor de uma pessoa, de um departamento ou da empresa expresso por meio de palavras como respeito, reconhecimento, apreço, carinho, encantado por, podemos contar com você, etc.
- Uma declaração dos objetivos da sua empresa para comunicar seus valores.
- Um artigo positivo, otimista, ou inspirador que você tenha lido ou escrito recentemente.

Princípios para enviar um fax mais gentil

- Seja conciso; poupe o tempo do destinatário e poupe algumas árvores.
- Redija textos muito claros.
- Certifique-se de que sejam sinceros, autênticos e retratem tanto você quanto a sua empresa. Nunca envie uma fax agressivo. Deixe os faxes agressivos de molho por vários dias até que a raiva passe. Então releia-os e reconsidere-os.
- Quando possível, envie faxes que sejam encorajadores e positivos.
- Não use um fax para bater a porta na cara de alguém.
- Seja caloroso. Expresse sentimentos e não apenas fatos.
- Acrescente algum humor às suas mensagens. Faça um arquivo de ditos engraçados e de caricaturas que digam respeito a assuntos que interessem à sua indústria e use-os nas páginas de rosto do fax.

UMA CONSPIRAÇÃO POSITIVA

Ter um cargo de liderança é uma grande responsabilidade. A forma pela qual você faz uso do seu poder, enfrenta o estresse e exprime seus valores e seus sentimentos humanitários afeta tremendamente o local de trabalho. De modo geral, o chefe é alvo, por parte dos empregados, de comentários como "Ele não é horrível?" Se na sua empresa houve uma quebra de confiança e uma crítica negativa por parte do chefe, há um forma de acabar com esse clima e de remediar as coisas por meio de um gesto bondoso de conspiração.

Comece com um debate, em que o grupo possa dar sua opinião a respeito das possíveis causas das frustrações de seu chefe, que estão provocando uma corrente de raiva, de criticismo ou de acusações. Conspire então para fazer cinco ou seis coisas que ajudem a diminuir essas frustrações. Quando as pessoas vêem atendidos os seus reclamos, passam a ser mais agradáveis, amáveis e confiantes.

As pessoas que colocaram em prática esse gesto de bondade observaram que ocorreu uma transformação na pessoa que foi o alvo do seu carinho. Removam-se os títulos e a posição social e todos nós passamos a ser apenas pessoas que apreciam a bondade.

BANCAR O PALHAÇO É UM GESTO DE BONDADE

O estresse no local de trabalho pode afetar nosso bem-estar físico e mental. Se o volume de trabalho não pode ser reduzido, a vontade e o bom humor pode vir em nosso socorro.

Dez maneiras divertidas de usar o bom humor e a bondade para suavizar sua rotina de trabalho:

1. Lembre-se de que, se o deixam muito tempo esperando na linha, você tem toda liberdade de desligar o aparelho. Caso essa ligação seja muito importante para você, pense na má vontade que a pessoa terá em atendê-lo, se você explodir quando ela voltar. Em vez de ficar furioso, faça uma exclamação engraçada, uma brincadeira delicada ou um comentário agradável sobre deixar outro ser humano postado do outro lado da linha. Lembre-se da primeira lição de nossos pais: é bom partilhar o que sentimos.
2. Ponha um espelho sobre a sua mesa e desenhe nele uma cara engraçada para se sobrepor ao seu reflexo. Quando estiver tratando com pessoas difíceis, olhe no espelho. A gargalhada que você reprimirá lhe proporcionará uma visão melhor das coisas e a satisfação de um riso secreto. Quando estamos sendo atacados ou criticados, diminuímos o poder pessoal em favor da outra pessoa se ficamos na defensiva. Seja bondoso consigo mesmo. Procure ver o que há de verdadeiro no que foi dito e esqueça o resto.
3. Reforce suas idéias com ilustrações. Colar desenhos em agendas ou em lembretes ajuda a resolver a parada mesmo que se trate de uma questão delicada.
4. Ponha seus óculos engraçados e aguarde até que alguém repare na sua demonstração de humor explícito. Nunca perca a oportunidade de expressar seu bom humor para ajudar seus colegas a ver as incongruências da vida sob um outro prisma.

   Perfeição é quase uma obsessão para todos nós. Quando você cometer um erro tolo, reconheça e ria em alto e bom som. A bondade está em aceitar as próprias imperfeições e em dar aos outros o direito de rir de você. Nunca, porém, sirva-se do bom humor para evitar que se reconheça uma culpa em relação a um grande erro.
5. Acrescente um item bem-humorado à lista de assuntos a serem tratados na reunião de trabalho.

6. Sirva sorvetes ou pirulitos na próxima reunião. A comunicação entre as pessoas melhora, pois essas guloseimas tornam o ambiente mais descontraído; além disso, é muito difícil discutir com alguém que está tentando desesperadamente lamber a casquinha de um sorvete que está derretendo.
7. Organize uma festa com o dinheiro proveniente do pagamento de multas por maus hábitos. Pegue a caixa mais ridícula que puder encontrar e peça a essa gente que pragueja, se queixa e fica cochichando que contribua para o fundo de festejos. A cada quatro meses, organize com esse dinheiro uma festinha para o pessoal do escritório.
8. Quando você fizer algo de que realmente se orgulhe, aplauda a si mesmo ou "se dê os parabéns". Se ninguém o ovacionar de pé, faça-o para si mesmo. Estabeleça uma regra no seu grupo de trabalho: todo aquele que cumprir uma tarefa muito bem será aplaudido de pé. Temos feito isso durante anos. É sucesso garantido.
9. Institua prêmios mensais para os funcionários que forem mais criativos ao usar o telefone, ao dar desculpas por ter chegado atrasado no serviço ou ao explicar seus gastos. Acrescente à sua lista de "coisas a fazer" o item "descobrir coisas engraçadas" e depois registre o que descobriu.

Encare seu trabalho seriamente
e a si mesmo, serenamente.

— Joel Goodman

MENSAGENS DE BOAS-VINDAS

Você alguma vez já sentiu prazer ao ir a uma loja? Mesmo que não tenha comprado nada de importante, você sai de lá satisfeita por ter sido tão bem atendida. A agência de correios da minha comunidade, em Galt, Califórnia, é um desses lugares.

Essa agência é incomparável, pois conta com Peggy, que parece fazer um pouco de tudo, exceto entregar a correspondência em domicílio. É o capricho com que ela cumpre suas tarefas que faz a diferença! Sua maneira de cumprimentar e de atender seus amigos e clientes é muito calorosa. Na verdade, eu saio do correio me sentindo melhor do que quando entrei.

Eis oito razões que fazem os clientes de Peggy se sentirem sempre bem-vindos:

1. Ela guarda o nome das pessoas, chama-as todas pelo nome e, se não sabe, pergunta.
2. Recebe a todos com um sorriso, pergunta como têm passado e dá a todos um tratamento personalizado.
3. Trabalha rápido, pois leva em conta o tempo do cliente.
4. Dá ao cliente informações úteis.
5. Dá ao Serviço Postal dos Estados Unidos um ar de credibilidade e de afabilidade.
6. Tem riso fácil, sabe brincar e se dá o trabalho de pôr, diariamente, um dito engraçado sobre o balcão.
7. Geralmente cumprimenta as pessoas com um aperto de mão.
8. É extraordinariamente prestativa. Certa vez ajudou uma senhora idosa a refazer seu pacote, porque esta não tinha forças para fazê-lo sozinha. Peggy arranjou uns papéis de embrulho e pacientemente ajudou-a. Pediu a um outro funcionário que atendesse as outras pessoas que aguardavam na fila, de forma que ninguém saísse prejudicado. O pessoal da fila sorriu, e muitos a elogiaram enquanto a observavam atendendo à cliente.

DÁ-ME A HONRA DESTA DANÇA?

Alguns gestos de bondade unem as pessoas, forjando um espírito de grupo. Atos de bondade preenchem os vazios quando somos tomados pelo desânimo ou quando nossa criatividade não flui como gostaríamos.

Eis alguns gestos de bondade que promovem o espírito de grupo:

- Procure uma ilustração que capte a essência de um problema de difícil solução no seu escritório. O bom humor libera a criatividade e pode tornar mais fácil encontrar uma solução para o problema.
- Descubra alguma peculiaridade de cada colega e cultive-a durante todo o ano de trabalho. Uma amiga me contou a história de um patrão que sabia que sua secretária adorava dançar. Certa vez, no dia do seu aniversário, quando ela entrou na sala, ele a presenteou com uma orquídea, pôs uma fita de sua música favorita, fez uma reverência e perguntou: "Dá-me a honra desta dança?" Quando a dança acabou, ele agradeceu, desejou-lhe um feliz aniversário e voltou à sua rotina normal de trabalho. O efeito duradouro desse gesto deixou nela uma sensação de ser querida, apreciada e festejada.
- O dr. Michele Borba cultiva muitas maneiras maravilhosas de manter a bondade em alta no ambiente de trabalho. Uma que apreciamos muito é fazer trocadilhos com comestíveis. Por exemplo, ele coloca uma laranja sobre a mesa de um dos funcionários e ao lado dela um bilhete: "Laranja, você está feliz por ter vindo trabalhar aqui? Nós estamos! Bem-vinda a bordo." Outra boa é colocar na caixa de correspondência de alguém barras de açúcar com a inscrição "Dia de Pagamento", e o seguinte bilhete: "Você não tem de esperar até o dia do pagamento para saber que é querido por aqui. Aprecio sua contribuição!" Seja criativo! As possibilidades são ilimitadas.
- Leve um "bolo da amizade" e divida-o com o seu pessoal. Organize um almoço entre amigos e faça com que cada um leve um prato favorito para dividir com a turma. Guarde o bolo para a sobremesa.
- O dr. Bernie Siegal tem em seu escritório uma placa que diz: "Se você está deprimido, diga-nos, que nós o abraçaremos."
- Fiquem atentos para o item segurança. Se trabalharem até tarde, dirijam-se ao estacionamento em grupo. Estejam alertas

quanto a estranhos nas dependências da empresa. Cuidado para não deixar espalhados pelo chão equipamentos ou materiais em que possam tropeçar. O empregado bondoso e gentil preocupa-se consigo e com os outros.

- No local de trabalho, guardar segredo é desafio que pode fortalecer ou destruir as relações entre os empregados. Se um colega confia a você uma questão pessoal, guarde segredo.

CONFIRA PARA SABER SE ENTENDEU

A diversidade no local de trabalho é ao mesmo tempo um bem e um mal. Quando você junta em um ambiente de trabalho uma porção de gente com valores, maneiras de se comunicar, e raças diferentes, pode ser estimulante encontrar soluções criativas para os problemas. Isso também pode vir a ser um terreno fértil para o fomento de divergências e desentendimentos. Para desanuviar o ambiente é preciso muita energia e tenacidade. Existem, porém, algumas maneiras delicadas de incrementar a comunicação entre os funcionários de forma a permitir que todos sejam ouvidos e respeitados.

- Confira para ver se entendeu: Se você não tem certeza quanto ao sentido ou à intenção do interlocutor, repita o que ele disse, conforme você ouviu: "O que eu ouvi você dizer foi..."
- Faça uma paráfrase: Esse gesto de bondade nada acrescenta ao que o outro disse nem faz uma estimativa do que é certo ou errado; apenas permite que você formule em suas próprias palavras o que foi dito. O interlocutor diz, por exemplo: "Eu vi o homem mascarado entrar no banco atrás de mim e pensei que havia chegado o meu fim." O ouvinte, reformulando a frase, fiz: "Então você ficou muito nervoso quando viu o mascarado atrás de si e provavelmente temeu pela sua vida."
- Conte mais: Essa frase convida o interlocutor a falar mais de suas preocupações ou de suas emoções. É também uma forma

carinhosa de mostrar ao interlocutor que você dá valor ao que ele tem a dizer.

Outras frases-chave são:

Conte-me mais sobre...
Ajude-me a entender...
O que o levou a se sentir assim?
O que você pensa disso?
Como você interpreta isso?
O que isso significa para você?
Como você se sente com isso?
O que você pensa fazer agora?
Como nós podemos sair dessa?

- Use a 1ª pessoa: Essa é uma forma de admitir responsabilidade pelos seus sentimentos com relação a um fato, sem contudo confessar-se culpado: "Fico nervoso numa situação como esta, porque sinto que estou sendo explorado."
- Valorize e expresse isso: Agradeça à outra pessoa por expressar seus sentimentos, mesmo que você não concorde com ela. Todo mundo tem direito às próprias opiniões. Se você sufoca seus sentimentos, você os enterra vivos e eles ressurgirão de diversas maneiras. A consideração ajuda a construir pontes entre as pessoas e permite que elas voltem a se entender.
- Diminua a gravidade de uma situação: Se você se desentender com alguém, procure algo absurdo na situação para ajudar a desanuviar o ambiente. Isso acaba com a raiva ou com o medo que prolongam o desentendimento. O humor é um instrumento precioso para apaziguar discórdias, desde que não seja sarcástico nem negativo. Faça uso do humor para amenizar ou para divertir, nunca para abusar.

Como uma palavra de admoestação: seja cauteloso quanto ao uso do humor quando as pessoas estão zangadas. Existe sempre a possibilidade de seu gesto ser considerado como uma trivialização ou minimização dos sentimentos alheios, ou como uma forma de expressar paternalismo. O humor não deve ser usado como distração para se fugir de um problema. O que se quer, ao usar o humor, é aliviar a tensão e permitir que as partes se vejam como simples pessoas. Quando voltar a tratar do problema, você será considerado uma pessoa prestimosa e gentil.

O humor é como agulha e linha;
bem usadas, podem remendar qualquer coisa.

— Anônimo

Quando ignoro meus sentimentos,
meu estômago é que sofre.

— Anônimo

INJEÇÃO DE ÂNIMO

Todo mundo no escritório precisa de uma injeção de ânimo de vez em quando. Um pequeno reconhecimento pode desbloquear o fluxo criativo e reduzir o estresse.

As pessoas precisam ser valorizadas e também se dar bem umas com as outras no trabalho. Uma forma de conciliar ou de reconciliar o pessoal é fazer um painel de notícias. Podemos chamá-lo de Centro de Informações Positivas. Ele pode vir a ser uma verdadeira injeção de ânimo.

Eis três idéias para você começar:

1. Fotos do pessoal quando criança: Peça que todos levem ao escritório uma foto favorita de quando eram bebês ou crianças para serem afixadas no painel de notícias.
   Eles poderão incluir um comentário engraçado a respeito de como viam o mundo quando criança ou do que queriam ser quando crescessem.
   Uma variante disso seria pedir que todo mundo levasse uma fotografia (sem mostrá-la a ninguém). Uma pessoa se encar-

regaria de receber as fotos, misturá-las e numerá-las, para a seguir afixá-las no painel. Cada funcionário do escritório receberia um questionário e o vencedor seria quem identificasse corretamente cada bebê!

2. Painel humorístico: Crie você mesmo um painel de notícias engraçadas. Como critério, adote um humor positivo, sem preconceitos, críticas negativas ou sarcasmo que possam magoar um colega de trabalho. Esse é um lugar para se mostrar diferentes formas de ver a vida, de uma perspectiva bem-humorada.
3. Imagine isto: Arranje uma foto do pessoal do seu escritório fantasiado — talvez com as fantasias do Dia das Bruxas do ano anterior. Afixe a foto no painel com a seguinte legenda: "Você trabalharia com esta gente?"

COLOQUE MAIS AFETO NO SEU LOCAL DE TRABALHO

O local de trabalho é uma comunidade que exige constante atenção quanto às suas necessidades humanas e comerciais. Criar um ambiente de amizade e de camaradagem é um processo contínuo. Trabalhar não consiste apenas em ser bem-sucedido nos negócios; é também preocupar-se com os clientes e com os colegas. Quando procuramos cumprir nossas tarefas de uma forma criativa, estimulante, atenciosa e com liberdade de ação, o sucesso está garantido.

Palavras de felicitação e de elogio que demonstrem reconhecimento e encorajamento são duas das mais poderosas e duradouras estratégias que uma empresa pode adotar. Bilhetinhos deixados a esmo no escritório serão muito apreciados.

Sidney Simon tem uma lista de frases que ajudarão a acender a centelha de sua imaginação e de sua criatividade. Ele nos lembra que o critério determinante de uma boa frase é que ela seja genuína, clara e curta.

Algumas dessas frases-centelha empregadas por Simon são:

Eu lhe agradeço por...

Eu o valorizo porque...

Eu o felicito por...

Eu o respeito porque...

Eu admiro a maneira pela qual você...

Fiquei feliz quando você...

Essas frases de aprovação podem ser usadas de uma forma divertida nos feriados e nas datas comemorativas. Escrevemos frases de elogio para cada funcionário da empresa, dos gerentes aos auxiliares, e as anexamos a um bilhete de loteria, em ovos de páscoa de plástico coloridos, ou numa caixa de Matzoh para a Páscoa judaica. O pessoal aprecia de fato essas demonstrações de apreço e as aguarda com prazer todos os anos.

Outra maneira de usar essas frases é anotá-las num caderninho, de forma a tê-las sempre à mão. Mesmo durante uma reunião, quando ouvir algo positivo, você poderá sacar seu caderninho e presentear a pessoa, no ato, com uma dessas frases. Você pode também fazer um pôster com uma árvore carregada de elogios e colocá-lo em local de destaque na sala de reuniões.

Gestos de Bondade que Edificam e Renovam

EMPATE

Como é que você pode ter esperança diante de uma situação aparentemente desesperadora? Se você consegue manter uma réstia de esperança numa ocasião como essa, isso já não é um grande gesto de bondade?

Pense em Faye Rumphs, que recebeu um telefonema da polícia avisando que seu filho fora assassinado sem motivo aparente, durante um tiroteio num estacionamento, provavelmente vítima de uma gangue cujos ritos de iniciação exigiam a morte de um inocente.

Numa situação como essa, você se vingaria? A maneira que Rumphs escolheu para reagir à dor e à injustiça foi assumir o compromisso de contribuir para diminuir a delinqüência juvenil.

"Decidi que não ia me conformar com a morte do meu filho e não fazer nada. Eu queria afastar as crianças dessas gangues, e a melhor maneira de fazer isso era mantê-las ocupadas", disse Rumphs.

Em homenagem a seu filho, que abominava essas gangues, Faye criou o Al Wooten, Jr. Heritage Center, um abrigo para ser freqüentado após as aulas, por cerca de 24 meninos, entre 7 e 18 anos de idade.

O centro promove cursos suplementares, durante 6 dias da semana, para meninos que estejam matriculados em uma escola. Estudantes universitários e profissionais de várias áreas doam parte do seu tempo ensinando diversas matérias, como a história da raça negra, ortografia, como montar um negócio e métodos de estudar. A escola, situada na zona centro-sul de Los Angeles, região de desordeiros, é para muitos um presente dos céus. Rumphs arrancou os meninos das garras da miséria e do desespero e proporcionou-lhes um porto seguro onde aprender e passar seu tempo livre. Não importa que a escola não seja reconhecida; o que importa é que uma pessoa corajosa, de coração sofrido mas generoso, tenha se proposto a afastar os meninos da violência das ruas.

Os objetivos do centro são: ajudar os meninos a entender que a vida só vale a pena se for bem vivida; fazê-los saber que existe gente que se preocupa com eles; evitar que deixem de estudar; e tirá-los das ruas, proporcionando-lhes um refúgio que os proteja e defenda seus direitos.

Faye vendeu sua casa para fundar esse centro e, desde então, o tem mantido, com o limitado orçamento anual de 18 mil dólares, receita advinda de subsídios governamentais, coleta de fundos e doações.

Quando em 1992 estourou o motim popular provocado pelo veredicto no caso Rodney King, os garotos de Rumphs não estavam entre os saqueadores.

"Eu lhes disse que a forma de mudar os futuros veredictos é estudar e votar", Rumphs declarou.

Os meninos transformaram sua energia negativa em algo positivo, não saqueando e ajudando no trabalho de limpeza, inclusive de uma mercearia coreana depredada.

Quando lhe perguntam sobre o que seu centro diz respeito, Rumphs responde: "Diz respeito a crianças."

Ao perder seu próprio filho, ela ganhou muitos outros através de seus gestos de esperança e de bondade.

CORREIO TELEFÔNICO — A TECNOLOGIA EM PROL DOS SEM-TETO

"Sem teto mas não sem esperança" é o lema do Centro Comunitário dos Trabalhadores, sediado em Seattle, Washington, que criou uma central de mensagens para os sem-teto por meio de um sistema de correio telefônico.

Os sem-teto à procura de emprego têm dificuldades para encontrar um trabalho fixo — mesmo estando fisicamente habilitados para o cargo — por não possuir telefone. Eles vivem presos a um círculo vicioso: sem um emprego fixo, continuam sendo "sem-teto"; por não terem onde morar não conseguem arranjar um emprego fixo.

Os gestos de bondade dessa central ajudam as pessoas a ajudar a si mesmas. Desde que ela foi inaugurada, 126 pessoas conseguiram emprego através desse programa e 70 pessoas encontraram alojamento.

Esse centro, sem fins lucrativos, mantém o programa de correio telefônico por meio de doações e com a ajuda da Active Voice Corporation. Consulte a Seção de Informações para mais dados a respeito do projeto.

TRABALHANDO PELA AUTO-ESTIMA

Bem atrás do Colégio Carter G. Woodson Jr., em Washington, D.C., os mais jovens empresários do país abriram uma loja no mini-*shopping* Conner-Harris II.

Batizada com o nome de dois estudantes da região que perderam a vida em brigas provocadas por drogas, essa loja foi fundada em 1988 por W. W. Johnson, um ex-policial que se dizia cansado e desanimado de "ver gente jovem ser assassinada todas as noites".

Trabalhar no comércio deu aos alunos de Woodson uma visão positiva dos conceitos que regem o mundo dos negócios: crédito, despesas gerais, lucros, perdas e investimentos.

"Mas, mais importante ainda", declarou Johnson, "eles aprenderam algo que o dinheiro não pode comprar: auto-estima."

Johnson compreendeu que mais violência não era a solução. Em 1989, foi transferido para o posto de guarda de segurança de uma escola da região. Ele deu um exemplo de ação positiva quando se incumbiu da reforma de uma sala de aula abandonada, que transformou numa sala de halterofilismo. As crianças precisavam de um lugar seguro, divertido e agradável para freqüentar e aprender. O gesto de bondade de Johnson foi transmitir a mensagem de que existe um vida melhor e de que também as crianças podem contribuir para essa mudança.

GESTOS QUE CONSTROEM PONTES SOBRE AS BARREIRAS CULTURAIS

Existem muitas barreiras que dificultam o bom entendimento entre as culturas. Não querendo chamar a atenção, pessoas de outras culturas podem se retrair e falar pouco, o que as impede de se adaptar ao novo ambiente e fazer amizades. Em geral, essas pessoas são solitárias e tímidas.

Uma forma de transpor o abismo entre as culturas é a educação. O Colégio Regional Amherst, com sede em Amherst, Massachusetts, criou um projeto intercultural que reuniu estudantes com o objetivo de se conhecerem mutuamente e às suas culturas.

Nesse projeto, os alunos entrevistavam uns aos outros e falavam sobre amizade, expectativas e de suas primeiras experiências nos Estados Unidos. As entrevistas eram gravadas em vídeo e exibidas a outros jovens na esperança de transpor algumas barreiras provocadas pelas diferenças culturais.

Caso você queira ajudar alguém de outro país a se adaptar a nossa cultura, eis algumas idéias para superar os obstáculos:

- Procure falar com a maior clareza possível. Se você acha que a pessoa não entendeu o que você falou, repita, usando outras palavras.
- Se ela falar com você e você não estiver certo do que ela

quis dizer, repita a sua frase e pergunte se era isso que ela queria dizer.

- Faça muitas perguntas. Mostre interesse.
- Evite clichês.
- Dê um jeito de incluir os recém-chegados em suas atividades. Mostre que são bem-vindos e estimados.
- Não deixe de praticar essas técnicas de inclusão. Aquele que fica quieto e não participa geralmente é ignorado. As pessoas responsáveis precisam estar cientes disso.
- O humor é uma língua universal. Algumas nuanças da língua nativa podem representar um desafio, e você talvez precise de início explicar onde está a graça. Explicar uma piada ou algo engraçado pode acabar com a graça, mas, de qualquer modo, persista. Existem fortes vínculos entre os seres humanos que permanecerão, mesmo que outras técnicas falhem.
- Organize uma reunião social e peça a todos que levem um prato típico de sua cultura. As comidas preferidas, além de prazer e de satisfação, trazem consigo lembranças de bons momentos. Peça aos convidados que levem cópias das receitas. Você verá que muitas dessas receitas de culturas diferentes têm ingredientes comuns.
- Faça com as pessoas o jogo do "polegar por cima". Nesse jogo, você pede às pessoas que juntem as mãos e entrelacem os dedos. Diga-lhes para observar qual polegar ficou por cima (o direito ou o esquerdo). Peça-lhes que juntem novamente as mãos, com os dedos entrelaçados mas agora com o outro polegar por cima. Pergunte-lhes como se sentem. A maioria dirá que se sente pouco natural, desconfortável. Pergunte-lhes qual das posições está errada. Leve-os a considerar a idéia de que não existe cultura certa ou errada, apenas muitas semelhanças e diferenças. Peça-lhes que façam uma lista das diferenças e das semelhanças. Essa brincadeira pode vir a abrir os olhos daqueles que aprendem visualmente.
- Peça-lhes que partilhem sua música, sua arte, suas histórias

e seus objetivos. Ao se esforçar para superar as barreiras entre as culturas, você recebe em troca a alegria de conhecer muita gente maravilhosa que passou por experiências únicas; e você proporcionará a essas pessoas a dádiva de edificar e reedificar um mundo mais compreensivo e tolerante. Na verdade gostaríamos de ir além da mera tolerância de ajudar as pessoas a atingir um estado de verdadeira compreensão.

COMO PODEMOS ENTENDER QUEM NÃO CONHECEMOS?

Muitas pessoas se surpreenderam e se horrorizaram ante a onda de violência que irrompeu através dos Estados Unidos em reação ao veredicto de inocência no julgamento dos quatro policiais de Los Angeles acusados de espancar Rodney King. Por que ficamos tão chocados? Talvez por não compreendermos os sentimentos e as reações das pessoas envolvidas.

São raras as pessoas que aceitam a violência como uma reação a qualquer acontecimento que frustre suas expectativas. No entanto, não podemos fazer de conta que essa violência não ocorreu. Ela afetou a todos nós e continuará afetando por um longo tempo, razão por que todos nós temos certas responsabilidades.

Sensibilidade 101

Quando comecei a trabalhar com crianças que haviam sofrido maus-tratos ou abusos, eu não conseguia entender o comportamento autodestrutivo delas. Isso me chocava e entristecia. Como não as entendia, eu não tinha como ajudá-las.

À medida que aprendi mais e conversei com elas sobre seus sentimentos e sobre a maneira como reagiram à tensão, eu passei a conhecê-las melhor a ponto de eu poder ajudá-las a vencer suas tendências de autodestruição.

Acho que o mesmo pode ser feito com respeito à violência e à destruição que ocorreram e que continuam ocorrendo.

Procure se conscientizar do problema e contribua para que haja uma mudança. O problema não desaparece sozinho.

Para contribuir com esse esforço para a mudança, tente praticar alguns destes gestos de sensibilização:

- Procure conhecer particularidades das outras pessoas. Comece por conversar com as pessoas envolvidas em atos de violência.
- Ajude a solucionar o problema, descobrindo o que as pessoas que se encontram nessa situação dizem precisar.
- Conte o que descobriu para os grupos de discussão mais próximos. Leve o problema aos nossos futuros líderes: os conselhos de estudantes e os centros acadêmicos de nossas universidades.
- Procure conhecer o comportamento próprio de cada idade ou típico dos vários grupos culturais, étnicos e religiosos. Julgar outro grupo com base nos nossos próprios padrões gera confusão.
- Assuma o compromisso de conhecer as pessoas com quem você entra em contato. É fácil odiar pessoas anônimas e sem rosto. Descubra quem elas são.
- Procure se colocar na posição do outro e aprenda a analisar um comportamento a partir de seu ponto de vista, e não a partir do ponto de vista dos meios de comunicação.
- Amplie sua sensibilidade e percepção globais para com todas as pessoas humilhadas, oprimidas e discriminadas.

GESTOS DE BONDADE PARA COM OS MENDIGOS

Olhando pelo canto dos olhos, nós os vemos apinhados sob pontes, pedindo esmolas nas esquinas e dormindo nos bancos de jardins. São os mendigos, cuja trágica situação nos toca o coração, mas, via de regra, não o bastante para fazermos alguma coisa para ajudá-los.

Quem são os mendigos? Segundo as pesquisas, a população está dividida. Alguns são doentes mentais forçados a ir para a rua quando seus recursos financeiros se acabaram, e quando os direitos dos pacientes impediram de retê-los em clínicas psiquiátricas contra sua vontade. Outros são vagabundos ou viciados. Há mães solteiras abandonadas, esposas maltratadas que fugiram de casa e não têm dinheiro para pagar um aluguel. Essas pessoas estão na rua porque a sociedade não quis ou não foi capaz de ajudá-las.

Se você realmente se preocupa com o problema dos mendigos, há algumas coisas que você pode fazer para ajudar. Nós acreditamos que existe em todos nós uma dose de "energia de bondade" que pode vir à tona se nos propusermos a ajudar alguém ou se procurarmos meios de colocá-la em ação. Mesmo que algumas das sugestões não lhe agradem, não desista, pois existem muitas outras, em maior ou menor escala, à sua escolha.

- Procure conhecer alguém que vive nas ruas. Você pode encontrá-lo em albergues, filas de sopa, em pronto-socorros, nos bancos dos jardins, nas bibliotecas e nas estações rodoviárias. Não pense em mais nada senão em conhecê-lo. Durante a conversa, seja honesto. Diga que você está preocupado com a situação dos mendigos e interessado em conhecer uma pessoa nessa situação. Assim poderá saber como contribuir com uma mudança positiva no mundo. Não se desculpe por ter mais que ele; apenas conversem como dois seres humanos. Não prometa voltar se não tiver essa intenção. Anote as informações que recebeu, com quem falou, seus sentimentos e impressões.

- Note a presença deles. Os mendigos têm consciência de que são invisíveis para nós. Dê-lhes a satisfação de saber que alguém sabe que eles existem. Dirija a eles sorrisos, um olhar; compartilhe com eles uma risada ou um acontecimento. Muitos mendigos confessam que é doloroso ser "invisível".
- Simplesmente escute-os. Lute contra a vontade de culpá-los por sua situação ou de rotulá-los como vítimas. Esse tipo de atitude é desumano.
- Procure reconhecer suas possibilidades e seus talentos. Anime-os quando falam de suas dificuldades. Entre na fila com o pessoal que está na rua. Você não precisa estar bem vestido, malvestido nem ser extremamente jovial. Durante o tempo em que ficar na fila, você acabará conhecendo as causas e as circunstâncias que levaram essas pessoas para a rua. Seja sincero com elas. Ouça e aprecie suas histórias.
- Se você tiver talento para resolver problemas, ajude-os a desenvolver essa capacidade. Nem todo mundo é bom para fazer escolhas e as faria melhor se soubesse como. Ponha-se no lugar deles e depois procure ensinar-lhes meios de melhorar sua qualidade de vida. Evite tentar resolver os problemas deles.
- Ajude seu amigo a abrir uma conta bancária para que seu dinheiro fique bem guardado. Ensine-o a administrar o dinheiro e seja compreensivo e persistente quando ele cometer erros.
- Procure conhecer o programa de Ajuda às Famílias com Filhos Dependentes (AFFD). Ligue para a agência da Previdência Social da sua região e indague a respeito da quantia que uma família típica recebe, como são usados os cupons de alimentação, quais são as provisões para o aluguel e para a assistência médica e infantil.
- Apresente-se como voluntário para ajudar o pessoal que faz

a sopa dos pobres. Se essa idéia o assusta, peça a um amigo que vá com você.

- Visite um mendigo na cadeia. Não presuma, antes de chegar, que você já sabe por que ele está lá. Apenas peça que ele lhe conte sua história. O gesto de bondade, nesse caso, consiste em ouvir e em se informar.
- Apresente-se como voluntário para trabalhar num abrigo diurno para crianças. Aprenda e inspire confiança.
- Compareça a uma reunião do conselho municipal em que esteja em pauta o problema dos mendigos. Fale de sua experiência com eles, seja franco e exponha os fatos.
- Incentive e valorize os policiais que ajudam os mendigos.
- Construa uma casa para os mendigos. Existem instituições só para essa finalidade. A mais conhecida é a Habitat for Humanity — na lista telefônica da maioria das cidades aparece no item Habitat. Você pode enviar diretamente a eles sua contribuição, e o grupo de voluntários usará esse dinheiro para construir a casa. Outra opção é fazer com que seu clube ou empresa patrocine um projeto de construção com a ajuda dessas instituições. Essa é uma forma de investir seu tempo e seu dinheiro.
- Convença sua igreja ou congregação a oferecer a mulheres e crianças um dia de abrigo. Abra na sua comunidade uma creche onde as mães pobres que trabalham fora possam deixar seus filhos durante o dia. Algumas famílias estão a ponto de serem postas na rua. Se você der a elas a oportunidade de continuar trabalhando, elas poderão continuar a viver sob um teto.
- Dê de presente a um amigo mendigo passes de ônibus. A maioria das cidades fornece passes semanais por cerca de 10 dólares. Isso pode proporcionar ao provedor da família a oportunidade de ir e vir do trabalho até que ele receba seu primeiro salário.
- Se a sua comunidade ou distrito organizou um mutirão para

ajudar os sem-teto, informe-se e veja o que você pode fazer para contribuir. Nós fizemos parte do mutirão de Sacramento para crianças desabrigadas, e foi realmente um grande aprendizado. Ficamos conhecendo seus verdadeiros problemas. Você pode imaginar o que é nunca ir à escola, ou freqüentar uma escola diferente a cada seis ou oito semanas, porque seus pais perambulam de distrito em distrito em busca de ajuda? Em muitas localidades as instituições sociais só prestam auxílio por um determinado período.

- Fale com atacadistas de roupas infantis e pergunte-lhes se gostariam de doar peças defeituosas para a instituição da região. As pesquisas demonstram que as crianças desabrigadas gostariam de ir à escola mas não vão porque se envergonham de suas roupas.
- Algumas lavanderias lavam blusões e casacos e os entregam à Goodwill ou a outros órgãos de serviço social. Se você tem um casaco ou blusão de que não precisa mais ou que não quer mais usar, ele pode ser de grande ajuda para alguém que precisa de um agasalho.

A BONDADE EM TEMPOS DIFÍCEIS

Crises econômicas afetam a todos. Muita gente talentosa e trabalhadora perdeu inesperadamente o emprego e hoje espera nas filas, cada vez maiores, receber do governo seu seguro-desemprego. Aqueles que têm um diploma e apoio familiar têm pelo menos a possibilidade de sobreviver à crise. Outros, desprovidos desses recursos, enfrentam tempos muito mais difíceis.

Existem muitas maneiras de você fazer gestos de bondade a quem está enfrentando momentos difíceis. Eis algumas:

- Não diga: "A pessoa, se quer realmente, sempre pode encontrar um trabalho e sustentar a família." Algumas pessoas estão a um passo de ir para a rua, sem o amparo de um plano de saúde, sem instrução nem apoio familiar.

- Se você conhece alguém que tenha grandes responsabilidades — uma esposa grávida ou um parente inválido para cuidar — e esteja enfrentando o desemprego, ajude-o a escrever uma carta ao patrão pedindo que mantenha seu plano de saúde até ele voltar a se equilibrar. E mais: familiarize-se com os regulamentos da Consolidated Omnibus Budget Reconciliation Act, de 1985 (COBRA) e certifique-se de que essa pessoa entende esses regulamentos. Ajude-a a encontrar um emprego através dos jornais ou de outros meios de comunicação. Alguém pode estar precisando exatamente dos dotes que essa pessoa tem a oferecer.
- Há muitas pessoas que, mesmo empregadas, são extremamente pobres. Tem empregos, mas não ganham o suficiente para pagar o aluguel. Você pode ajudar. Escreva uma carta para o Department of Housing and Urban Development (HUD) pedindo informações sobre os projetos de casas populares em sua localidade. Pergunte o que você pode fazer para ajudar.

DE VOLTA AO CAMINHO CERTO

O Voluntary Action Center (VAC), serviço prestado pela Community United Way do Pioneer Valley, Massachusetts, convoca voluntários de acordo com as necessidades da comunidade.

O Centro dirige a Horizons, um abrigo para mães e gestantes desabrigadas entre 16 e 24 anos de idade. Nesse local são aceitas seis mulheres, que passam a ter direito a um teto, a oficinas onde aprendem uma profissão, a treinamento e a orientação vocacional.

As voluntárias são muito importantes

O programa funciona graças às suas voluntárias. São mulheres que passaram por experiências semelhantes na vida e que venceram. Elas ensinam as residentes a administrar um orçamento, a se comunicar com eficiência, a proporcionar às suas famílias uma alimentação nutritiva e barata, a tratar de crianças e outras coisas essenciais à vida. São modelos de bondade.

As voluntárias também participam de um sistema de ajuda mútua para a restauração de laços comunitários. Elas são especializadas em acabar com o isolamento e com a solidão. As amizades que elas fazem perduram mesmo depois que as residentes deixam o abrigo. Elas são amigas, passam tempo juntas e trocam experiências.

As voluntárias trabalham em qualquer lugar de duas a oito horas por semana. São pessoas de todas as idades, que oferecem um ombro amigo, para se chorar as mágoas, e abraços na comemoração de cada etapa bem-sucedida.

Às vezes elas ajudam a reconciliar famílias. Isso beneficia não só as pessoas envolvidas mas toda a comunidade, já que a manutenção de programas de assistência social é muito dispendiosa.

Se você quiser ser voluntário para ajudar mulheres e crianças de sua comunidade, eis alguns gestos de bondade que você pode fazer:

- Pedir donativos para manter em atividade programas como a Horizons, se o orçamento municipal não for suficiente para mantê-los.
- Organizar eventos para levantar fundos em benefícios do centro.
- Trabalhar junto à comunidade para transformar propriedades ou abrigos abandonados em casas populares, de aluguel acessível.
- Ensinar ou compartilhar seus conhecimentos de economia doméstica, administração e de uso do orçamento.
- Se você tiver algum talento especial, apresente-se como vo-

luntário para trabalhar com crianças que tenham problemas físicos ou emocionais. Há muita necessidade desse tipo de serviço.

- Tornar-se a preceptora de uma criança.

Para maiores dados a respeito do Voluntary Action Center, consulte a Seção de Informações.

A TROCA DE SERVIÇO POR ALIMENTOS

Algumas pessoas não têm o suficiente para comer e não se sentem membros importantes da comunidade. Um programa chamado Share U.S.A. ajuda a suprir essas duas necessidades. Ele se destina a ajudar pessoas a aumentar seus recursos para a alimentação, dando-lhes, ao mesmo tempo, a oportunidade de usar suas habilidades para tornar sua comunidade mais segura, feliz e agradável.

O programa, iniciado na Califórnia, oferece mensalmente de 30 a 35 dólares em alimentos nutritivos em troca de 14 dólares e de duas horas de serviço em prol da comunidade. Esses serviços incluem trabalhos como babá, trabalho voluntário em abrigos ou em escolas e serviço de acompanhante para pessoas deficientes que precisam ir ao médico.

Essas pessoas não recebem apenas comida; o programa imprime um sentido a seu trabalho. Isso lhes possibilita romper o ciclo de dependência em que vivem e modificar o juízo que tinham de seu próprio valor diante da sociedade, faz com que se vejam como cidadãos independentes e úteis. Isso alimenta o corpo e a alma.

Durante a crise, geralmente é muito difícil a pessoa mudar seu modo de pensar. É um desafio para ela deixar de ser alguém que se afoga e tornar-se o seu próprio salva-vidas. As pessoas enfrentam momentos difíceis até reconhecer que têm dons e virtudes pessoais valiosos para outras pessoas — que podem também estar se afogando. Outro aspecto inestimável desse programa é unir pessoas que de outra forma teriam se isolado devido às circunstâncias em que vivem.

Esse trabalho voluntário ajuda a reconstruir a comunidade partindo do rés do chão. Resulta daí uma mudança de mentalidade, pois quando aplicam seu tempo e suas aptidões, as pessoas adquirem um senso de autocontrole e de espírito comunitário. Trata-se de uma forma nova e necessária de administrar os cortes orçamentários dos municípios e de fazer coisas com as quais os fundos públicos não podem mais arcar. A Share U.S.A. pode ser encontrada na maior parte das cidades. Sabemos de três, situadas, respectivamente, em São Francisco, San Diego e Springfield, Massachusetts.

A RECONSTRUÇÃO: GESTOS CASUAIS DE BONDADE VERSUS *ATOS DE VIOLÊNCIA GRATUITOS*

Os noticiários noturnos estão repletos de histórias de cidades varridas por uma violência gratuita. O mundo, ao que parece, está fora de controle, com desordeiros apoderando-se de nossas ruas, e a pobreza, o abuso de drogas e o desespero ameaçando a vida dos cidadãos. Mas ainda há esperança. Existe em todo o país um movimento crescente em busca de bons reformadores e batalhadores — "guerrilheiros do bem" que lutam em prol da bondade entre os homens. Esse movimento na verdade sempre existiu numa base individual, mas agora começa a ganhar força à medida que cada vez mais pessoas querem ajudar.

Uma dessas guerrilheiras do bem é Anne Herbert, escritora radicada em Mill Valley, na Califórnia, que cunhou o seguinte credo: "Pratique gestos gratuitos de bondade e ações absurdas de beleza." Seus partidários inscreveram essa frase nas passagens de nível das rodovias, em cheques, em pára-choques e em toalhas de restaurantes.

Só de pensar nisso, já esboçamos um belo sorriso e começamos a imaginar as coisas que podemos fazer.

Gestos casuais de bondade são extremamente importantes para reconstituir e reunir as pessoas. Além de levar esperança, imprimem senso de equilíbrio e de harmonia. Eles nos lembram que devemos retornar à nossa bondade diária, normal e humana. Nestes tempos conturbados em que a violência nos rodeia, a bondade nos faz entrar em contato com uma imensa energia. Ela dá força a todos, seja pelo encontro intercultural, econômico ou social.

Dos quatro anjos da guarda que acudiram Reginald Denny, o motorista de caminhão tão cruelmente espancado nos tumultos de Los Angeles, aos vizinhos que vieram com suas vassouras ajudar a limpar a área, a mensagem é uma só: "Parem, em nome do amor." É a ação ou o movimento acrescentados aos sentimentos de amor. Toda ação incorpora um significado, seja ela heróica ou resultado de reflexão. Os gestos de bondade têm o poder de mudar as coisas.

Eis algumas idéias para você começar a participar de uma campanha de guerrilha pró-bem:

- Jogue moedas no jardim de alguém; no sul de Londres, alguém fez isso com moedas de ouro.
- Varra a entrada de carro de alguém quando o dono da casa não estiver por perto.
- Pague a conta de alguém e suma antes que tenham a chance de lhe agradecer.
- Compre uma boneca para uma criança desabrigada e escreva para ela um bilhetinho bonito.
- Arranque as ervas daninhas do jardim de uma pessoa adoentada e molhe as plantas se elas estiverem precisando de água.
- Quando sua comunidade marcar um dia para limpar as pichações feitas pelas gangues locais, participe.
- Se o jornal de alguém caiu na rua por descuido, pegue-o e coloque-o nos degraus da casa dessa pessoa.
- Ceda passagem na auto-estrada.

- Se você conhece alguém que vive com uma mesada fixa, passe-lhe secretamente alguns cupons de desconto.
- Diante de palavras negativas responda sempre que possível com palavras bondosas.
- Releve sempre a imperfeição das pessoas.
- Ria e faça uma outra pessoa rir.
- Faça por dia pelos menos três afirmações positivas a respeito de outro ser humano. Se você adquirir o hábito de gostar das pessoas, será cada vez mais fácil perceber a alegria que existe em sua própria vida.
- Se você for uma pessoa religiosa, afirme sua fé diariamente.
- Nunca perca a oportunidade de dizer muito obrigado, mesmo pelas mínimas coisas boas.
- Doe ao mundo, sem estardalhaço, o dom da sua competência. Faça seu trabalho. Faça-o bem. Faça-o com alegria e com todo capricho.
- Perdoe! Nem sempre é possível esquecer uma afronta mas sempre se pode perdoá-la.
- Doe sangue.
- Carregue selos com você. Quando ouvir alguém falar bem de outra pessoa, pergunte-lhe se gostaria de enviar uma cartinha demonstrando seu apreço. Em geral, somos rápidos na crítica mas lerdos no reconhecimento.
- Nunca desista de alguém. Milagres acontecem todos os dias. Apure a sua percepção visual, procurando algum progresso por menor que seja.
- Respeite os funcionários públicos. Agradeça-lhes por servir a sua comunidade e diga-lhes o quanto você aprecia o que fazem. Alegre-lhes o dia com uma brincadeira ou uma piada e aqueça-os com um sorriso.

Uma Cornucópia de Bondade

PENSE O MELHOR DE ALGUÉM ATÉ QUE SE PROVE O CONTRÁRIO

Charlie O'Connor é um guerrilheiro do bem. Sua atividade oficial é de guarda de trânsito escolar, mas ele é mais um anjo da guarda.

O'Connor trabalha no cruzamento das avenidas Grant e Creskill, em Dumont, New Jersey. Ele protege, ama, saúda e ajuda toda pessoa que passa diante da Escola Elementar da Grant Avenue. Mas ou você se comporta nesse território ou enfrenta a sua cólera. "Calma, isto é zona escolar", ele grita. Todo mundo se sente seguro nos domínios de O'Connor.

O'Connor foi muitas coisas na vida, inclusive treinador de beisebol, futebol e hóquei, além de gerente de armazém. Nada disso se compara com os gestos de bondade que ele tem realizado em sua esquina, a cada dia letivo, nos últimos dez anos. Seu salário de 8 dólares por hora nem em sonhos o compensa por cumprimentar a todos alegremente, chamando-os pelo nome, e por protegê-los sob seu pálio de segurança e amor. Ele cumprimenta cada transeunte com um aceno de mão e de cabeça, gestos considerados sinal de boa sorte para o dia inteiro. As crianças até ganham um dólar no dia do aniversário. As crianças de todas as idades o consideram uma instituição de amor.

COMBATENDO O LADO NEGRO DA FORÇA POR MEIO DA RELAÇÃO 8 POR 1 E DA REGRA 2 POR 1

No filme *Guerra nas Estrelas*, a Força era o poder do universo. O herói, Luke Skywalker, usava o lado bom da Força. Darth Vader usava o lado negro da Força para perpetuar o mal.

Infelizmente, o negativo tem muito poder. Pesquisas sobre o mundo dos negócios têm demonstrado que existe uma média de oito comentários negativos para um positivo. É essa a relação 8 por 1. Como essa estatística se encaixa em seu comportamento? Muitos de nós já passaram por isso. Por exemplo, a balconista de uma loja de departamentos está toda entretida na conversa com uma colega, e não se importa em nos atender. Quando por fim conseguimos sua atenção, ela se mostra lacônica, rude até, e nem um pouco solícita. Sua grosseria afinal passa da conta e pedimos para falar com o gerente.

Isso já aconteceu com você? Por outro lado, deixe-nos contar um episódio feliz que ocorreu conosco numa loja Home Depot em Sacramento. Estávamos procurando uma certa peça de encanamento para nossa nova casa, que estava em fase de construção. O jovem encarregado da seção de artigos especiais ligou para a fábrica e viu que podia encomendá-la para nós, mas que isso levaria 6 semanas. Nós tínhamos necessidade dela para aquela mesma semana.

"Não se preocupem", falou ele, ligando para um de seus concorrentes.

Telefonou para muitos lugares, até que encontrou um fornecedor que tinha em estoque exatamente a peça que precisávamos.

O empregado falou: "Vai custar um pouco mais, mas pelo menos vocês a terão a tempo!"

Bem, esse atendimento foi cinco estrelas, não foi? Claro que lhe agradecemos profusamente.

Estávamos nos dirigindo ao estacionamento quando nos lembramos da relação 8 por 1. Meladee me disse: "Alguém deveria escrever uma carta ao seu patrão, não acha?"

"Vou fazer mais do que isso", afirmei com um brilho no olhar.

Voltamos à loja, pedimos para falar com o gerente e o cumprimentamos por ter tido o tino de contratar Jerry, cujas qualidades exaltamos. Além disso, imprimimos um certificado de agradecimento em nosso computador e o enviamos a Jerry, completo, com fita azul e um selo de fantasia. Tudo o que isso nos custou foi meia hora de nossa vida para mostrar a Jerry nossa apreciação por nos ter poupado horas de procura e de amolação.

Você pode dar uma olhada em sua relação 8 por 1? Como é que você está se saindo?

A regra do 2 por 1

Quando a frustração toma conta do trabalho ou da vida familiar, é fácil descarregar em alguém, explodindo por toda escolha infeliz que a pessoa tenha feito nos últimos dez anos. Se você for atingido por essa força negra, lembre, simplesmente, ao seu agressor que você está disposto a ouvir o que ele tem a dizer, mas que espera que ele aponte duas qualidades positivas para cada defeito.

Se você se vê agredindo as pessoas sem nenhuma razão, lembre-se da regra do 2 por 1. Esteja aberto para conversar e contrabalance os poderes negativos com os poderes de cura das coisas positivas.

Se não gostamos do mundo em que vivemos,
resta-nos sempre a opção de criar o mundo que desejamos
com nossos gestos de bondade.

UMA PALAVRA GENTIL

Existem algumas pessoas no mundo que são sempre bondosas. Elas enxergam o que as pessoas têm de melhor. Têm empatia e vêem opções em vez de barreiras. Minha mãe é uma dessas pessoas.

Acometida de esclerose múltipla quando ainda moça, ela enfrentou dificuldades indescritíveis mas manteve seu otimismo e sua bondade. Ela foi mãe, professora primária e de música. Como sua doença limitasse seus movimentos e sua flexibilidade, ela compensava com sua bondade.

Ela tem um jeito especial de ajudar aqueles que estão desanimados. É uma animadora consumada. A despeito das circunstâncias, é impossível não se sentir melhor depois de falar com ela. Se estou determinada a passar algum tempo com pena de mim mesma, a última coisa que desejo fazer é conversar com minha mãe, porque meu saldo de mau humor em breve estará zerado.

Seus gestos de bondade são simples mas eficazes e duradouros. Ela dá telefonemas que nos levantam o ânimo. Imaginem uma jovem senhora de 83 anos, cabelos prateados, olhos brilhantes e um sorriso alegre e contagiante tranqüilizando outras pessoas ao telefone.

Para ser uma pessoa desse tipo, você precisa ter as seguintes qualidades:

Voz calorosa e afetuosa
Otimismo
Compaixão
Senso de humor
Presença de espírito
Paciência
Compreensão da condição humana
Jovialidade
Amor ao próximo
Desejo de contribuir para o bem da sociedade.

Se você está em busca de uma maneira bondosa de contribuir para o bem da sociedade, um grande número de comunidades está precisando de voluntários para dar apoio, por telefone, a pessoas que vivem sozinhas ou que estão isoladas devido a um acidente ou a uma doença e que precisam de um empurrão. Procure sua agência local de serviços comunitários que ela o porá em contato com as pessoas certas.

PAUS E PEDRAS PODEM QUEBRAR MEUS OSSOS, MAS PALAVRAS NUNCA PODEM ME FERIR

Lembro-me de ter ouvido estas palavras da boca de meus pais e de meus professores enquanto crescia. Eu queria acreditar no que diziam, porque os respeitava, mas a verdade é que às vezes minha interpretação do significado das palavras realmente me feria. Sei que o que eles estavam em parte tentando me explicar é que as palavras, em si, não têm capacidade de nos ferir até que lhes demos um significado. Esse conceito é muito complicado para uma criança apreender.

Eleanor Roosevelt disse certa vez: "Ninguém pode fazer você se sentir inferior sem o seu consentimento." Embora isso seja verdade, muitas vezes as pessoas que amamos, respeitamos e prezamos nos ferem com palavras. O que conta não é tanto o que dizem, nem o veneno de suas palavras, mas o que dizemos a nós mesmos após um ataque verbal. Infelizmente, a língua pode ser empregada como um instrumento de destruição.

A crítica negativa pode ser tão contundente quanto um ataque físico, porque os ferimentos chegam tão fundo que deixam cicatrizes no espírito.

Certa vez, um juiz decidiu proferir uma sentença original no caso de um réu condenado por calúnia e difamação. Ele levou para o homem um saco de penas de ganso. Então os dois subiram ao topo do Palácio da Justiça. Lá chegando, o juiz abriu o saco de penas de ganso. O vento espalhou-as para todos os lados.

"Agora", disse o juiz, "desça e vá buscar todas elas."

"Não posso", retorquiu o homem. "É impossível."

"Eu sei", retrucou o juiz. "É tão impossível quanto desdizer todas essas calúnias que você espalhou."

Agir com bondade

Existem muitas maneiras de acabar com o hábito de fazer críticas negativas que solapam a auto-estima. Da próxima vez que você tiver o ímpeto de criticar, respire fundo, expire lentamente e imagine um sinal vermelho. Pergunte a si mesmo: Minhas palavras vão ajudar essa pessoa? Vão me dar o que eu quero? Elas vão fortalecer essa amizade ou envenená-la? Estarei fazendo alguma coisa para que essa pessoa se sinta mais forte ou superior? Ela precisa realmente ouvir isso ou é melhor esquecer?

Se a resposta a qualquer uma dessas perguntas for não, faça um gesto de bondade com relação a essa pessoa e a si mesmo deixando de criticar.

Se você precisa discutir a questão, marque um encontro com essa pessoa depois que tiver refletido sobre o assunto. Evite fustigar a pessoa com palavras como "você fez", "você é", "você sempre".

Procure valorizar as pessoas sempre que possível. Esse gesto terá um efeito poderoso sobre seu modo de ver. Aproveite todas as oportunidades de mostrar àqueles que você estima o que você admira, aprecia, ama, respeita, valoriza e gosta neles. As possibilidades criativas são infinitas, assim como as oportunidades de construir amizades positivas e duradouras.

A CARTA NO CAIXÃO

Uma de minhas ex-alunas, chamada Marielle, chegou uma noite à sala de aula com os olhos rasos d'água. Os colegas mostraram grande preocupação e interesse. "Que há com você? Por que está chorando?", perguntaram.

Ela lhes contou que Robbie, seu irmão caçula, fora assassinado. Era um espectador inocente quando irrompeu um tiroteio no bar. Todos ficamos muito chocados e condoídos.

Marielle chorava sem parar. "Ele era o tipo de pessoa que não fazia nada direito e eu, como sua irmã mais velha, me via na obrigação de corrigi-lo. Ele não aceitava o que nossos pais lhe diziam, de forma que eu também o advertia. Tudo o que fiz nestes últimos três anos foi criticá-lo."

Ela continuava a soluçar. Alguns integrantes da turma lhe estenderam a mão. Dois sentaram-se a seu lado e iam lhe dando lenços de papel, enquanto ela contava, aflita a sua história.

"Isso é tudo o que ele ouviu de mim: críticas, reprovações. Eu só queria o seu bem", ela choramingava. "Eu queria salvá-lo. Claro, ele não teve culpa de ser assassinado, mas não devia estar naquele lugar! Oh, já estou criticando-o de novo, mesmo depois de morto! Nunca cheguei a dizer-lhe o quanto eu gostava dele."

Ela chorava cada vez mais e parecia inconsolável. Toda a turma ouviu-a por longo tempo, sentindo-se incapaz de ajudá-la. O que podia ser feito? Ela estava sentindo esse remorso por não ter demonstrado seu afeto pelo irmão, só feito críticas.

Inesperadamente, uma das outras alunas perguntou, sorrindo docemente: "Marielle, do que é que você mais gostava nele?"

Marielle começou a nos falar do seu grande potencial e de seu senso de humor; de seus dotes artísticos e de seu charme sedutor, que sempre admirara nele. Falou também de como ela acreditava que ele se tornaria a estrela da família, caso tivesse vivido. Falou sobretudo de quanto gostava dele.

Então, caiu novamente em prantos. Mas suas colegas a interromperam com uma sugestão: "O enterro é na quarta-feira. Que tal escrever uma carta a Robbie contando tudo o que você acabou de nos dizer e ainda mais? Abra seu coração a ele e, durante o funeral, ponha a carta no caixão."

Todos ficaram em silêncio, surpresos. Marielle parou de chorar. Ficou quieta por uns momentos. Depois sorriu e concordou: "Sim, sim, o jeito é esse. Pelo menos poderei dizer-lhe o que eu guardava no coração!"

E foi exatamente o que ela fez. Anos mais tarde, Marielle me contou o quanto essa sugestão a consolara na hora mais negra da sua dor. Mandou porém a todo mundo o seguinte recado: "Falem agora. Falem agora as palavras carinhosas antes do funeral! Somos todos muito rápidos nas críticas, mas muito lentos nos elogios."

O MESTRE NAN-IN

Era uma vez um monge chinês sábio e humilde que se chamava Nan-In. Ele abandonou sua seita religiosa porque não conseguia mais viver segundo seus cânones, e partiu para viver sozinho e dedicar-se à contemplação. Embora sua casa fosse distante, as pessoas ouviam falar da sua sabedoria e o procuravam em busca de um conselho. Um grupo de seus adeptos ergueu um mosteiro em sua homenagem.

Um homem chegou à procura de um líder espiritual. Foi recebido no mosteiro e participou da tradicional cerimônia do chá oferecido por Nan-In. O homem discorreu a respeito de suas muitas conquistas e de sua sapiência. Enquanto isso Nan-In colocava chá em sua xícara. Embora ela transbordasse, ele continuava a pôr chá em sua xícara. O homem protestou: "Mestre, não me ponha mais chá. Minha xícara já está cheia."

"Ah, é verdade", disse Nan-In.

O ensinamento de Nan-In nos mostra que, quando estamos muito orgulhosos de nós mesmos, não aproveitamos o que os outros têm a nos oferecer. O gesto de bondade consiste em nos despojarmos de vez em quando e assumir uma postura de humildade. Isso concede aos outros a oportunidade de dar a você e de você ser grato.

UMA HOMENAGEM AO SEU NOME

É gostoso comemorar com um presente as qualidades ímpares de uma pessoa que realmente significa muito para você. Uma sugestão consiste em fazer algo de especial com o nome dela, sobretudo se essa pessoa for amante da jardinagem ou da natureza. Fazer um monograma com plantas, tanto para o interior como para o exterior da casa, pode constituir uma lembrança bonita e original, testemunhando o quanto essa pessoa é importante para você.

O que você precisa para começar:

- Um vaso que expresse a personalidade da pessoa.
- Terra para o vaso e pedras para a drenagem.
- Sementes. Se você prefere plantar flores, opte por uma única cor; vai ficar muito bonito.
- Se você está trabalhando no jardim, plante flores perenes formando o nome ou a inicial da pessoa amada. Dentro da casa, qualquer planta servirá para esse fim.
- Uma idéia divertida para crianças é colocar algumas sementes sobre uma esponja comprida e chata e deixá-la flutuar num prato raso d'água. Elas vão adorar descobrir o que há nele. Desenhe com as sementes o nome da criança e ele desabrochará na esponja.
- Por fim, junte um recadinho assim: "Eu gosto demais e me alegro muito com a maneira com que você cresce em mim."

FAZER UMA CRIANÇA SE SENTIR ESPECIAL

Na nossa família, que é grande, há uma pessoa especial: nossa tia Violet. Quando eu era criança, em algumas ocasiões meus pais pediam sua ajuda para cuidar de mim, o que ela fazia com muito prazer e amor. Não tinha filhos, era solteira, mas tinha o coração de uma criança e gostava realmente das pessoas. Tenho certeza de que tia Violet entrou em minha vida para me ensinar a dar valor às qualidades excepcionais das pessoas a quem quero bem.

Tia Violet tinha sobre a cama um gato de pelúcia, branco e fofo.

Embora fosse para ela algo especial, me deixou brincar com ele, até que lhe arranquei os pêlos. Ela o deixava lá sempre que eu a visitava. Tia Violet nos levava para passear no zoológico e no parque. Assistíamos no *drive-in*, de dentro de seu Oldsmobile, a todos os filmes de Disney, comendo pipoca e tomando coca-cola. Ela sempre tinha à mão, caso eu dormisse, um travesseiro e uma manta. Havia no seu guarda-louça um lugar reservado para os meus utensílios, de forma que eu pudesse alcançá-los, para pôr a mesa em sua cozinha ensolarada. Ela me deu essas coisas quando me casei.

Alguns dos pratos mais gostosos que comi foram feitos por ela. Tenho certeza de que aquela comida era mais saborosa porque minha tia me fazia sentir muito especial e porque eu a queria muito bem. Toda vez que vinha nos visitar ela trazia seus famosos biscoitos ou seu bolo de especiarias, uma especialidade que, ela sabia, era a minha favorita.

Em certas ocasiões, deu-me lições de autoconfiança, de higiene, ou de boas maneiras. Contudo, a que mais perdurou foi a de ser especial. Foi ela que me ensinou a fazer as pessoas se sentir especiais e dignas de atenção.

Você se lembra de alguém que tenha feito você se sentir assim quando era criança? Como ela fazia isso? E hoje, o que você pode fazer para ajudar alguém nesse sentido?

Eis algumas maneiras bondosas de fazer uma criança se sentir especial:

- Sorria e aperte-lhe a mão ao cumprimentá-la. Se for muito pequena, abaixe-se até a altura de seus olhos.
- Fale diretamente com ela, e não através do adulto que a acompanha.
- Sirva-se da sua jovialidade e do seu senso de humor para comunicar-se com essa criança especial. Conte-lhe algumas velhas piadas, como a do bate-bate, ou a conhecida história do quartel que desaparecia, ou troque uns apertos de mão bem malucos.
- Envie-lhe um breve bilhete pessoal com palavras de agrade-

cimento ou de saudações pela oportunidade de tê-la conhecido. Se ela for muito criança, escreva com letras grandes e bem legíveis.

- Tire fotografias dela, para que ela as guarde em seu quarto. Mande-lhe uma por semana. Se você encomendar duas cópias, poderá ir organizando um álbum para ela. Compre cartolina colorida, corte-a em retângulos de 12 por 15 cm. Cole uma foto em cada uma delas e escreva uma nota de rodapé. Uma idéia é batizar o álbum com o nome da própria pessoa: "Ethan: Meu Livro Especial." É nisso que você pode ser realmente criativo. Perfure a cartolina e prenda-a com uma espiral de metal. A criança, diante desse gesto de carinho, vai se sentir muito especial.
- Programe um passeio só com ela. Isso lhe permitirá contar com toda a sua atenção, sem ter de competir com um amigo ou com um irmão menor.
- Reserve em sua casa um lugar especial para a criança quando ela for visitá-lo. Faça esse lugar criativo. Junte uma porção de tranqueiras — palitos, latas velhas, pedaços de pau, etc. Arranje uma base resistente. Ponha numa caixa cola, tesoura, canetas, fita adesiva e régua. Estimule a criança a criar algo com essas bugigangas. Inclua uma camisa ou um avental velho para proteger sua roupa.
- Se a criança o visita periodicamente, reserve uma gaveta só para suas coisas. As crianças gostam de ter seu próprio espaço e de estabelecer fronteiras só para si.
- Conte-lhe histórias de quando ela era bem pequena: "Eu me lembro de quando você tinha cinco anos e aprendeu a saltar." "Fiquei superorgulhosa por você ter se esforçado bastante e não ter desanimado!"
- Não a deixe esquecer-se de que é uma criatura única, dotada de características especiais. Fale das qualidades que vê nela. Cuidado para não compará-la com outras crianças. Quando fazemos comparações, alguém sempre sai perdendo.

- Ressalte as coisas que você recebe dela: a bondade é um caminho de ida e volta se você faz a coisa certa. Por exemplo: "Obrigada por me dar abraços tão especiais; eles me deixam muito feliz." Faça que todo mundo saia ganhando.
- Guarde suas lembranças: seus desenhos, seus prêmios, poemas e qualquer artigo de jornal que o elogie. Se ela nunca apareceu no noticiário da região local, mande-lhe uma mensagem através da seção dos classificados. Custa relativamente pouco e ela se sentirá muito importante.
- Deixe-a partilhar de sua vida — de suas alegrias, tristezas, sucessos e fracassos. As crianças precisam ter como exemplo pessoas que não temam assumir riscos, cometer enganos e celebrar sucessos.
- Se puder, dê-lhe a certeza de que você estará disposta a ouvi-la quando ela precisar resolver um problema. Ouvir é diferente de dar conselhos. Só dê conselhos se ela pedir. É muito mais produtivo ensinar as crianças a resolver seus próprios problemas para que elas mesmas possam encontrar soluções seguras e positivas. É melhor que você seja um recurso do que aquele que encontra as soluções.
- As crianças precisam ser tocadas de forma doce, sempre que possível. Uma forma divertida de abraçar uma criança é dar-lhe um abraço tipo "biscoito recheado". Coloque a criança entre você e uma outra pessoa e, então, deixe-a bem apertadinha entre vocês. As duas pessoas do lado de fora representam os biscoitos de chocolate e a criança, o recheio. Após abraçá-la, faça-lhe cócegas e diga: "Agora nós vamos tocar violino com o recheio." Isso não é novidade, mas é engraçado!
- Aproveite realmente o tempo que você despende com a criança. Esse gesto contínuo de bondade terá sobre você um efeito gratificante e, sobre essa criança especial, um efeito duradouro.

VIVER NO ABANDONO

Quando você pede a uma pessoa comum que fale de si mesma, sua resposta freqüentemente abrangerá família, passatempos, amigos, etnia, interesses e grupos com os quais se identifica.

Existe um grupo de imigrantes, denominado "amerasiáticos", que são filhos de mães vietnamitas e de soldados americanos que combateram no Sudeste Asiático. Ignorados em seu próprio país, muitos vieram para os Estados Unidos só para serem rejeitados por seus pais biológicos. São, de um modo geral, pouco instruídos e não conhecem nada, ou muito pouco, de inglês. Felizmente, os maiores de 21 anos são agraciados com oito meses de assistência do Estado. Entretanto, esse prazo na verdade não é suficiente para alguns se acostumarem com o estilo de vida americano e, quando o pagamento do benefício cessa, muitos se perdem.

Um grupo de veteranos do Vietnã achou que poderia ajudar esses jovens amerasiáticos a abandonar as ruas, onde muitos se afundaram depois de ter chegado aos nossos portos. O objetivo dos veteranos era encontrar gente que dedicasse um pouco de seu tempo a esses jovens, ajudando-os a conhecer a América e passando bons momentos em sua companhia. Eles queriam que esses jovens se sentissem queridos e soubessem que existe bondade na América.

O que você pode fazer caso esse seja um gesto de bondade que lhe agrade?

- Falar com funcionários de escolas ou com representantes de órgãos de assistência social que possam pô-lo em contato com comunidades que tenham uma grande população de famílias vietnamitas. Com a ajuda da prefeitura de sua cidade, descubra um lugar onde encontrar gente dessa comunidade. Fale de sua preocupação com os jovens recém-chegados à comunidade que possam estar correndo perigo. Apresente as coisas de tal maneira que as pessoas sejam levadas a se organizar em grupos para ajudá-los.

- Entre em contato com um sistema comunitário de educação que dá aulas de inglês como segunda língua (ESOL).
- Pesquise maneiras de promover encontros entre amerasiáticos e jovens de sua comunidade. Eles precisam de uma oportunidade de desenvolver seus conhecimentos da língua e de fazer amizades.
- Encoraje-os a dar as boas-vindas e a fazer amizade com outros amerasiáticos que chegam à América, a fim de ajudar a amenizar o período de adaptação dos recém-chegados.

Consulte a Seção de Informações para saber com quem entrar em contato para ajudar os jovens amerasiáticos.

UMA LISTA DE PRAZERES

Em nossa vida, há períodos em que nos sentimos com menos energia do que costumamos ter — menos ativos, menos criativos e menos entusiasmados.

Uma maneira agradável de despertar a criança naturalmente curiosa que existe dentro de nós é observar outras crianças. Observe, sem julgar, a magia de sua fascinação e de seu entusiasmo. Note seu riso fácil e contagiante.

Compre um diário barato ou um caderno espiral. Faça uma lista de uma porção de coisas que lhe dão prazer e que reduzem o estresse da vida diária — jardinagem, ginástica, boa música, um romance picante, dar gargalhadas, andar pela floresta, encontrar amigos, começar um novo projeto ou apenas sentar e não fazer nada. Faça um círculo ao redor de cinco de suas atividades favoritas.

Ao lado dessa lista, faça outra indicando quantas vezes você fez recentemente algumas dessas coisas que lhe dão prazer. Pegue seu calendário e marque um dia para fazer três dessas coisas durante o mês.

Após cada atividade, registre no seu diário ou caderno de anotações se ocorreram algumas das seguintes mudanças:

Relaxamento muscular

Sensação de liberdade

Movimentos mais soltos

Redução da tensão psicológica

Diminuição de dor ou de mal-estar

Sensação de estar mais alerta.

Se você perceber que as atividades prazerosas realmente provocaram mudanças emocionais positivas, ou uma redução do estresse ou da dor, procure incluir essa atividade na sua programação semanal de saúde. Quando não estiver em seu estado normal, use desses recursos como armas para ajudá-lo a se equilibrar e recolocar as coisas em suas devidas proporções.

MONÓLOGO: ROMPA O CICLO DA CRÍTICA NEGATIVA

Existem momentos na vida em que perdemos a fé em nós mesmos. Isso pode advir de uma decepção, da perda de uma promoção, de um divórcio ou do fim de uma relação amorosa.

Por ironia, algumas vezes, quando nossa lista de reclamações contra nós mesmos fica enorme, costumamos pôr mais lenha na fogueira, baixando nosso moral ainda mais. Nem sonharíamos em ser tão duros com um amigo, ou com a pessoa amada, mas nossos monólogos negativos causam em nós um efeito fisiológico e emocional que nos deprime ainda mais.

Um dos presentes mais positivos que você pode dar a si mesmo em abundância é pôr um ponto final nesses monólogos negativos e deixar de se entregar a esse modo de pensar tão limitado. Uma forma positiva de fazer isso é reformular esse discurso mental negativo e reciclar as experiências negativas transformando-as em positivas.

Não siga o exemplo da estudante que fracassa numa prova e diz: “Eu sabia que não era bastante inteligente ou capaz para entrar na universidade.”

Com esse tipo de raciocínio negativo, a pessoa desconsidera tudo o que está dando certo para ela. Anula o fato de ela estar indo bem nas outras doze matérias. Ajustando essa situação a uma linguagem positiva, a estudante pode vislumbrar uma perspectiva inteiramente nova.

Em lugar de se apegar ao lado negativo, ela pode pensar: “Essa foi “uma” prova, de “um” dia da minha vida, que não vai mudar em nada a minha capacidade ou o meu valor. Eu estou me saindo bem em três de meus cursos e já passei em quatro testes.”

O passo seguinte consiste em avaliar a situação e ver o que é preciso aprender ou reaprender com a experiência. A estudante pode dizer: “Aprendi que preciso de mais tempo para estudar e para preparar a matéria deste curso” ou “Compreendi que preciso de um professor particular ou de um colega para estudar comigo, porque a matéria é muito extensa para que eu estude sozinha”.

O terceiro passo consiste em fazer um plano de ação para seguir em caso de insucesso. Neste caso, a estudante dirá: “Lá pela quarta-feira desta semana vou pedir ao professor que me sugira alguns livros que possam me ajudar neste curso. Vou perguntar se não há a possibilidade de eu fazer um trabalho extra que me sirva como crédito para compensar minha nota. Vou perguntar pelo menos a duas pessoas se gostariam de participar comigo de um grupo de estudos.”

O passo final é, sem dúvida nenhuma, a auto-afirmação positiva e a celebração pelo fato de ter conseguido transformar uma dificuldade numa ação positiva e numa chance de crescimento. Isso transforma o negativo em positivo. A estudante diria: “Eu aceito este fracasso e vou superá-lo de uma forma que me ajude a aprender e a crescer.”

DE QUEM É O PROBLEMA?

O lado negro da vida é ser rebaixado ou criticado quando você não merece.

Um gesto de bondade para consigo mesmo consiste em perguntar: "De quem é o problema, meu ou dele?" Essa objetividade equilibrada, até mesmo fria, representa um desafio, quando você é tomado por um acesso de raiva. Mantenha a calma e fale gentilmente consigo mesmo, sem baixar o seu moral ainda mais. É também importante desabafar falando sobre o que aconteceu e pedir que se encerre o incidente para evitar que ele se repita.

Algumas pessoas acham que a Oração da Serenidade ajuda na aceitação de si mesmas e das situações por que passam:

> Dai-nos forças, Senhor, para aceitar com serenidade tudo o que não possa ser mudado. Dai-nos coragem para mudar o que pode e deve ser mudado. E dai-nos sabedoria para distinguir uma coisa da outra.

Gestos de Bondade para as Ocasiões de Luto

PALAVRAS BONDOSAS DE CONDOLÊNCIAS

Você tem uma amiga cujo marido morreu tragicamente num acidente de trabalho. Você sabe que sua dor é muito grande e quer dizer a coisa apropriada. Como você expressaria seus sentimentos num bilhete? Um membro da família perde um filho ainda criança, vítima de uma doença que o prendeu na cama por um longo tempo. Que palavras você pode usar para exprimir o pesar que você sente?

A resposta é muito simples: diga alguma coisa! Em outras palavras, não tenha medo de dizer a coisa errada. Na maioria das vezes, as pessoas se preocupam tanto com o teor de suas condolências que acabam não dizendo absolutamente nada. O amigo enlutado pode chegar então à conclusão de que você pouco se importa com ele.

Eis algumas sugestões para apresentar as suas condolências:

- Mencione as qualidades notáveis do falecido, algo que você tenha aprendido com ele, ou diga quanto foi influenciado por ele... Um amigo nosso, que morreu de uma doença cardíaca, sabia realmente como se divertir. Ele atrelava seu cortador de grama a uma carroça vermelha, prendia-lhe uma vela, vestia uma roupa de pirata e levava a criançada da vizinhança, de 2 a 3 anos, a uma aventura de "faz de conta", na época do Dia das Bruxas. Na minha carta à sua esposa, escrevi: "Nunca mais poderei imaginar um Dia das Bruxas sem a imagem de Gene transportando a futura geração de personagens teatrais pela vizinhança. Em sua honra, manterei elevado o meu nível de jovialidade."

- Se você não conhece a pessoa falecida, diga algo assim: "Não conheci sua irmã, mas, conhecendo você, e a pessoa especial que você é, concluo que ela também era uma criatura maravilhosa. Minha vida enriqueceu-se com a sua amizade, assim como, tenho certeza, a de sua irmã, por tê-la na sua família. Por favor, quero que saiba que estou ao seu lado."
- Recordar o lado divertido do nosso relacionamento com a pessoa falecida é mais do que apropriado. O bom humor cura e torna leve uma situação grave.
- Se no seu bilhete você oferece ajuda à pessoa, não deixe de especificar o tipo de ajuda que poderia dar. Por exemplo: "Você me permitiria ficar com as crianças para que você tenha uns dias de descanso? As datas melhores para mim são... Eu lhe telefonarei em breve para combinar." Os oferecimentos sinceros vêm geralmente acompanhados de datas e horários.
- Mantenha-se em contato. Mande recados, mesmo que de poucas palavras. As pessoas continuam precisando de consolo muito depois de as flores terem murchado. Faça consigo o pacto de mandar um bilhete ou de dar um telefonema uma vez por semana, durante alguns meses. São os amigos que continuam a nos visitar, a telefonar e a mandar bilhetes que nos trazem de volta à vida.
- Se você é uma pessoa ocupada mas deseja realmente ajudar, diga o que pode fazer. Por exemplo: "Sei que há uma porção de pessoas ajudando você a providenciar o funeral. Posso ajudar de alguma forma, avisando colegas e amigos? Tenho um computador e uma impressora e posso avisar as pessoas pelo correio. Tenho duas noites livres esta semana — das... às... horas."
- Ofereça-se para ouvir. Não dê conselhos desnecessários como: "É tempo de você recomeçar a sua vida; você é moça

e pode se casar de novo"; ou "Você pode ter outro filho"; em vez disso, escute de fato. Seja paciente e compreensivo.

- Faça-lhe realmente companhia. Não compare a situação com outra pela qual você passou, pois cada situação é única, e não se pode avaliar o que a perda de uma pessoa significa.
- Casos especiais, como suicídios e mortes traumáticas, também requerem condolências. Fale do assunto com honestidade: "Fiquei chocada e entristecida quando soube de... Não faço nem idéia do que você está passando neste momento." Por favor, não peça que a pessoa repita toda a história para você. Ela deve tê-la contado inúmeras vezes, o que só faz aumentar a tristeza e o estresse.

APOIO BONDOSO A COLEGAS QUE PERDERAM UM FILHO

O telefonema mais aterrorizante que os pais podem receber é o da polícia ou do hospital avisando-os de que o filho morreu ou está gravemente ferido. Essa notícia é devastadora. Muitos de nós têm família, amigos ou colegas que passaram por semelhante tragédia, mas podemos nos sentir incapazes de dar-lhes uma ajuda nessa hora de necessidade.

Meu bom e estimado colega Ron estava de férias a 500 milhas de casa quando um incêndio destruiu sua casa e matou seu filho mais velho. Coube a mim e a um outro amigo comum a missão de ir ao encontro de Ron e de sua esposa e transmitir-lhes a triste notícia.

Durante o funeral, todos os nossos colegas marcaram presença e disseram as palavras certas. Foram enviadas flores e cartões com dizeres afetuosos. Depois que a cerimônia terminou, Ron enfrentou a triste tarefa de continuar vivendo. Voltou ao trabalho e, nas primeiras semanas, as pessoas faziam comentários carinhosos ou o abraçavam. No entanto, após certo tempo, começaram a evitá-lo. O número de convites para jantar e as ofertas de ajuda foram diminuindo. As pessoas tinham de pensar na própria vida e Ron parecia ter morrido para elas. O fato de ver todo dia no saguão do escritório seu rosto entristecido abatia-as, de forma que começaram a evitá-lo. Não o faziam deliberadamente ou por maldade, mas, mesmo assim, o ignoravam. Quando ele surgia no corredor, as pessoas corriam para suas salas, como se tivessem esquecido alguma coisa. Depois de certo tempo, Ron sentia-se como uma pária.

Às vezes, o maior gesto de bondade é estar presente — aprender a tolerar a tristeza de alguém, as lágrimas, sem dar mostras de impaciência. A tristeza constitui um componente natural do processo de cura e demora a passar. A dor pela perda de um filho nunca passa realmente — apenas o tempo pode proporcionar uma nova perspectiva.

Eis algumas coisas que você pode fazer para ajudar um colega de luto:

- Envie regularmente cartões de encorajamento. Isso lembrará à família que você está, física e espiritualmente, ao seu lado.
- Chame um conselheiro especializado em casos de perda de entes queridos para ajudar o colega a suportar a perda.
- Aconselhe seu colega a trabalhar o mínimo possível. Não existe um período certo de tempo para se chorar a perda de uma pessoa amada. Trata-se de um processo individual que pode ser acionado por muitos gatilhos — como a data de um aniversário ou uma canção especial. Conceda-lhe a liberdade de lidar com a sua dor à sua maneira. Ele está impossibilitado de ser produtivo tendo a mente cheia de tristeza.
- Faça com que entre em contato com outros pais, na própria empresa ou no mesmo ramo de negócios, que tenham perseverado apesar da dor. Dê-lhes tempo para se conhecer e se ajudar mutuamente. Isso representará um investimento incalculável em termos de tempo e de compaixão.
- Institua uma bolsa de estudos com o nome da pessoa falecida

para estudantes que queiram iniciar-se no seu campo profissional.

- Distribua flores aos empregados, como uma homenagem à dor que seu colega está sentindo.
- Não deixe de dar apoio depois de passado algum tempo.

PREENCHA O VAZIO

As pessoas tocam a nossa vida, ainda que por um momento;
no entanto, a partir de então, não somos mais os mesmos.
O tempo não é importante: o momento é eterno.

— Fern Bork

As pessoas influenciam a nossa vida — cada uma a seu próprio modo. Quando choramos, lamentamos a parcela de nossa vida que a morte levou. Choramos por esse pedaço que perdemos, até preenchermos a lacuna que restou com outra coisa ou com outro alguém. Isso não significa que possamos substituir essa pessoa; ninguém pode ocupar exatamente o lugar de outra, nem gostaríamos que assim fosse. Não a esquecemos, mas preenchemos o vazio que ela deixou para suavizar a intensidade da nossa dor.

Eis várias maneiras de preencher o vazio deixado pela perda de alguém:

- Grupos de apoio podem ajudá-lo a diminuir seu pesar e a usufruir da companhia de outras pessoas que entendem o significado de sua perda. Oferecendo apoio a outras pessoas que também perderam entes queridos, você se fortalece e se recompõe.
- O trabalho voluntário é um gesto de bondade abençoado! Pode ser que a pessoa por quem você está chorando praticasse caridade ou tivesse algum interesse nesse sentido. Uma ma-

neira de manter viva sua memória é continuar de alguma forma sua obra. Se você perdeu um amigo que era, por exemplo, professor, você pode apresentar-se como voluntário na biblioteca de sua localidade ou participar de um programa de alfabetização de crianças ou de adultos.

- Conceda a si mesmo todo o tempo necessário para chorar a sua perda. A dor é uma coisa muito nossa, e não existe um prazo determinado para a sua cura. Cada um de nós trilha esse caminho sozinho. Permita-se fazer a si mesmo um gesto de bondade responsável, enfrentando o processo de dor sem estabelecer limites insensatos.
- Um memorial vivo em nome do falecido. Quando perdeu seu padrasto, Hanoch doou inúmeros livros sobre paternidade à sua escola para crianças. Seu padrasto foi para ele mais pai do que seu pai biológico. Ele quis homenagear essa pessoa querida com um gesto de bondade que trouxesse orientação e consolo a outros pais que precisassem dessa ajuda.

UM GESTO DE BONDADE NO MOMENTO DA MORTE

Wilfred Rand, homem corajoso e dedicado para quem a família era tudo, morreu como viveu, preocupando-se com todos e expressando seu amor abertamente. "Wolfie", meu ex-sogro e avô de meus filhos, deixou à sua descendência uma herança maravilhosa.

Quando se reuniu por ocasião de seu falecimento, nossa família constatou que Wolfie, sem dizer nada a ninguém, tinha distribuído, com o maior esmero, seus bens entre os herdeiros, embrulhando e rotulando cada item valioso ou importante. Cada rótulo falava da história, do preço e do valor sentimental do objeto.

O toque de suas mãos e do seu coração amoroso estavam em tudo. "Isto é para você, Ethan", dizia um bilhete para o seu neto. "Sei que você vai gostar." E assim por diante.

Ele chegara mesmo a tratar de seu funeral pagando antecipadamente quase todas as despesas e fazendo mapas para se chegar ao cemitério certo e ao jazigo da família. Isso amenizou o cumprimento de uma tarefa difícil, deprimente e estressante.

Aprendi muito com Wolfie durante sua vida. E aprendi com ele no fim de sua vida: podemos partir com classe, dignidade, ternura e amor.

FERIADOS TRISTES — QUANDO SE SENTE FALTA DE UMA PESSOA AMADA

Os feriados podem ser muito tristes quando choramos a perda de uma pessoa que amamos. Conheço um homem que, por ocasião do Dia dos Namorados, ficava muito deprimido, porque sua esposa não estava mais com ele.

Um dia, ao passar pela loja Hallmark, a nítida visão de seu rosto triste refletido na vitrina o fez avaliar pela primeira vez a profundidade da sua dor. Isso foi o toque de despertar de sua alma. Ele entrou e escolheu os cartões de dia dos namorados mais engraçados que pôde encontrar. As frases bem-humoradas daqueles cartões elevou o seu animo. Comprou uma porção deles e os enviou a todos os amigos e parentes de que se lembrou. Pôde assim contornar a tristeza do feriado, distribuindo um pouco de bondade a todas as pessoas que ele queria bem e sentindo que sua esposa se orgulharia da maneira que encontrara para se consolar.

Tradições e ritos familiares podem ser muito penosos sem a presença da pessoa amada. Se você tem um amigo ou ama alguém que está sofrendo, convide-os para passar o feriado com você. O fato de estar em outro ambiente pode afastar seus fantasmas do passado e aliviar seu sentimento de solidão — mesmo que seja por pouco tempo.

TORNEIO DE BONDADE "IN MEMORIAM"

Infelizmente, às vezes, coisas muito ruins acontecem a pessoas muito boas. Kenny era um atleta e professor muito conhecido na sua pequena comunidade. Era dono de uma personalidade adorável e de um contagiante senso de humor. As pessoas sentiam-se bem ao seu lado. Depois da universidade, Kenny entrou para o mundo dos negócios. Apesar de ter uma carreira de sucesso, uma vozinha interior sempre lhe soprava que havia mais na vida do que ganhar dinheiro, que fazer o trabalho de que gostava e que valorizava era mais importante.

Depois de muito pensar, decidiu voltar à sua cidade natal e seguir sua carreira como professor e treinador. Ele sabia que tinha jeito para lidar com crianças, o que o levou a trabalhar como treinador voluntário da liga local de futebol e de beisebol juvenis. Nosso filho caçula, um dos agraciados pelo talento de Kenny, foi profundamente influenciado pelos nobres princípios de Kenny acerca de esportividade, motivação e da responsabilidade que é ser parte integrante de um time.

Às vezes o destino age de maneira misteriosa. Durante uma visita, há tempos prometida a amigos muito chegados, Kenny morreu na Austrália, num desastre de automóvel. Toda a comunidade lamentou sua morte prematura. Os jovens atletas que ele treinava choraram, descrentes. Uma cerimônia comovente honrou e prestigiou essa criatura cuja presença influenciou tantas outras. As pessoas afetam a nossa vida, mesmo que por um momento, e já não somos mais os mesmos.

Cada pessoa chorou Kenny à sua maneira. Algumas preocuparam-se em perpetuar sua memória, não como uma lembrança de tristeza, mas como uma celebração da sua presença marcante entre os jovens da comunidade. Organizou-se um torneio de golfe em sua memória e levantou-se a importância de 3.000 dólares, que se destinaram a uma bolsa de estudos para alunos promissores. Kenny ficaria muito orgulhoso de saber que a primeira pessoa a ser agraciada com essa bolsa foi um dos jovens que ele treinava. Esse gesto de bondade mantém viva a memória de um jovem que foi tão importante para tanta gente. Bravo, Kenny!

Bondade para Enfrentar Desafios

DEBILITADO NÃO SIGNIFICA DESESPERADO

Sentir-se debilitado pode ser arrasador. Passei por essa experiência quando um sério acidente limitou minha atividade e minha capacidade de trabalho. Fui forçado a fazer apenas aquilo que a dor me permitia. Devido a esse fato, pude compreender melhor os desafios físicos e emocionais enfrentados por minha mãe, vítima de esclerose múltipla. Essa doença terrível restringiu sua mobilidade e cerceou seu sentido de liberdade individual.

Se existe algo de positivo que se possa dizer sobre um desafio é que ele aguça nosso nível de percepção. Não existe uma só pessoa que não tenha, de uma forma ou de outra, enfrentado uma tragédia ou sofrido uma perda. Alguns reagem a esses infortúnios de uma maneira positiva que enriquece sua vida.

Há o caso, por exemplo, de um aposentado por invalidez que, quando teve tempo para ver sua vida de uma nova perspectiva, aprendeu a ouvir e a gostar das pessoas pelo que elas são, incluindo a si próprio.

Há também o caso de um senhor, que colabora com a Cancer Society. Embora sofra de problemas cardíacos e respiratórios, ele transporta as pessoas que serão submetidas à radiação e à quimioterapia. Ele gosta de ajudar e de receber ajuda.

E, por fim, mas não menos importante, minha própria mãe possui umas poucas qualidades especiais que a excluem da lista dos incapazes e dos desesperados. Apesar de sua doença debilitante, ela procura e encontra alegria em quase tudo ou em qualquer tarefa. Ela busca o melhor nas pessoas. Minha mãe ouve, ouve realmente, sem interromper, sem dar conselhos nem analisar o que a pessoa poderia ou deveria ter dito. Ela é um modelo de esperança.

Um gesto de bondade para si mesmo ou para inspirar outras pessoas consiste em enumerar, todas as noites, dez fatos positivos que ocorreram durante o dia.

1. Vi meu filho, no jogo de hoje, pegar uma bola alta.
2. Encontrei três novos botões de rosa no meu jardim.
3. Uma velha amiga me telefonou.
4. Hoje meu marido me olhou com amor.
5. Fiz exercícios e conversei com minha companheira de caminhadas.
6. Minha filhinha chegou do parque sã e salva. Ela afinal não estava perdida.
7. Hoje ouvi uma boa piada.
8. Alguém, em algum lugar, está apreciando este livro.

Você preenche os últimos itens:

9. ____________________

10. ____________________

LINHA DA VIDA

Viver de crise em crise, sobreviver graças a inúmeros medicamentos, oscilar entre a esperança e o desespero — tudo isso descreve a vida de muita gente que tem na família alguém que enfrenta sérios problemas de saúde. Algumas dessas pessoas vivem abatidas sob o peso das despesas médicas e dos altos preços dos remédios.

Essas pessoas freqüentemente precisam de um meio rápido de transporte para levar seus doentes a hospitais especializados. Para ajudar essas famílias necessitadas, uma piloto, de nome Wanda

Whitsitt, fundou em 1980 uma organização denominada Lifeline Pilots. A organização é constituída de pilotos voluntários que usam seus próprios mono ou bimotores para o transporte grátis de pacientes que precisam de cuidados médicos. Como o nome da entidade indica, ela é literalmente a linha da vida de uma pessoa em estado crítico, devido à rapidez com que transporta os pacientes ao hospital.

Whitsitt, mãe de quatro filhos e voluntária das Bandeirantes, da Cruz Vermelha e da PTA local, começou a transportar doentes depois que funcionários do serviço social, municipal e estadual, solicitaram seu trabalho voluntário. Ela descobriu, então, que havia necessidade de pilotos para transportar pacientes a hospitais de outras cidades e de outros Estados.

"Quando comecei com a Lifeline, há mais de 12 anos, meu objetivo era encontrar uma maneira de os pilotos de Illinois prestarem serviço sempre que o Estado precisasse de ajuda em casos de desastres ou em casos médicos de urgência", disse Whitsitt, que teve seu nome incluído no Hall da Fama da Aviação em Illinois pela sua iniciativa de formar e liderar o grupo.

A Lifeline começou com seis missões no Estado de Illinois. No ano passado, realizou 180 em 22 Estados. Existem planos para criar uma central de atendimento, apropriadamente denominada The Air Care Alliance, para coordenar as atividades de todos os grupos através de toda a nação.

O lema da Lifeline — "capitães da bondade"— é sinônimo de uma generosidade realmente sincera. Um de seus pilotos, que transportava uma família na época do Natal, disse que Papai Noel, pouco antes das crianças chegarem, fora até seu avião e deixara uma árvore de natal e presentes para cada uma delas. Os pilotos da Lifeline trabalham com competência e sem estardalhaço. Até hoje, o grupo detém um recorde de perfeita segurança.

Whitsitt enfrentou todo tipo de missão a que foi convocada, inclusive ajudando famílias ou seus próprios voluntários em casos que não tiveram um final feliz. Seu sonho é criar uma linha de chamadas telefônicas, gratuita, que venha algum dia colocar em contato famílias e indivíduos com postos de saúde instalados em todo o país.

Consulte a Seção de Informações para mais dados a respeito da Lifeline Pilots.

UMA MÃOZINHA POR UM MÊS

Ao longo da nossa vida, nos comovemos diante de muitos amigos maravilhosos que deparam, física e emocionalmente, com os desafios do câncer. Assistimos a alguns gestos excepcionais de bondade realizados em prol dessas pessoas e tivemos a oportunidade de enriquecer nossa vida ao participar de muitos deles.

Se alguma vez uma séria doença o abateu, você sabe muito bem que as tarefas rotineiras, como arrumar a casa e lavar a roupa, se tornam impossíveis. Viver numa casa suja e em desordem pode ser desanimador.

Quando nossa amiga Jodi adoeceu, um grupo de amigas se reuniu para ver se podia encontrar uma forma prática de ajudá-la. De nosso esforço conjunto surgiu a idéia da "empregada por um mês". Todas nós nos pusemos em ação e contribuímos com certa quantia para contratar uma empregada para limpar a casa de Jodi e realizar outras tarefas domésticas, uma ou duas vezes por semana, até ela ficar boa.

Isso foi um alívio, muito bem-vindo, para Jodi e para sua família. Todos os envolvidos compreenderam que de alguma maneira haviam contribuído para suavizar uma fase dura na vida de nossa amiga.

Para dar início a um plano como esse, prepare em primeiro lugar um calendário e anexe a ele uma carta mais ou menos assim:

> Cara ______________
>
> Como você sabe, ____________ está muito doente. Alguns de seus amigos estão planejando fazer um gesto de bondade especial chamado

"uma mãozinha por um mês". Embora sua agenda esteja cheia, é muito fácil participar desse gesto de bondade. E, o mais importante, você tirará um grande peso dos ombros da nossa amiga e de sua família.

Convidamos quarenta amigas para contribuir com 5 dólares ou mais para colocar essa idéia em prática. Contrataremos uma faxineira, que irá uma ou duas vezes por semana, como for necessário, para ajudá-la nas tarefas domésticas.

Se você quiser ser um de "os anjos da guarda" de ________, por favor, coloque 5 dólares ou mais no envelope aqui anexado e já endereçado. Levaremos ao conhecimento de ________ que você é um de seus anjos da guarda.

Caso você saiba de outra maneira de lhe dar ajuda, comunique-se conosco. Se todas nos unirmos em pensamento e em coração, milagres podem acontecer.

FITAS CASSETES COM MENSAGENS DE CURA

A recuperação de uma longa doença ou de um grave acidente pode ser uma experiência solitária e de total isolamento. O esforço exigido costuma ser tão grande que a pessoa pode perder a esperança de ficar boa algum dia. O resultado é um círculo vicioso de depressão que impede a cura.

Como amigo, você pode ajudar a romper esse círculo enviando periodicamente bilhetes ou cartões com mensagens de otimismo. Esse gesto de bondade mostra à pessoa que você não a esqueceu, nem a condição difícil em que ela está. Dessa forma você elevará o ânimo dela contribuindo para a cura.

Você pode ir ainda além enviando-lhe uma fita cassete, com mensagens para promover a cura e a recuperação. O dr. Emmett E. Miller fornece a preços razoáveis uma série de fitas gravadas, com músicas e exercícios de visualização próprios para ajudar os pacientes antes, durante e depois de cirurgias. (Consulte a Seção de Informações para maiores detalhes.) Essas fitas ensinam ao paciente: técnicas pré-cirúrgicas; formas de reduzir possíveis complicações; formas de acelerar a cura, e meios de controlar a dor pós-operatória.

Esse presente aumentará a força interior dessa pessoa e sua capacidade de superar a doença. As fitas custam quase o mesmo que um arranjo de flores e duram muito mais.

Se você optar por esse gesto de bondade, só por brincadeira, anexe um bilhete às fitas lembrando a pessoa de falar carinhosamente com a sua criança interior. Não deixe de confortá-la e de incluir uma nota de humor. Peça-lhe que fale com sua criança interior da mesma maneira doce e firme com que falaria com uma criança de verdade. Sugira-lhe que diga algo mais ou menos assim:

> Sei que esse tratamento médico pode parecer assustador. Você tomou o cuidado de escolher um médico em quem confia. Não se preocupe! Tudo acabará bem. Estarei ao seu lado. A cada dia que passa você vai se sentir um pouquinho melhor.

Não existe muita graça nos remédios,
mas há um bocado de remédio na graça.
— Josh Billings

A COLCHA DE RETALHOS QUE AQUECE E CONFORTA

O câncer é uma doença dolorosa e debilitante que leva pessoas amigas e queridas a procurar, muitas vezes em vão, meios de aliviar seu sofrimento.

Uma professora substituta muito estimada que trabalhava na mesma escola que eu, foi acometida por um câncer. Muita gente a queria bem e desejava fazer algo para amenizar sua agonia. Os professores e o pessoal da administração da escola se reuniram e surgiu a idéia de fazer uma colcha de retalhos. (Leia no final do livro as instruções.)

Comprado o material, enviamos a seguinte carta a pessoas que, segundo acreditávamos, gostariam de ajudar:

Cara ______________

Se você quer ajudar no tratamento da nossa estimada amiga e colega de trabalho, mas não sabe o que fazer, eis aqui a sua oportunidade. Pegue qualquer um dos quadrados da colcha e o decore. Ponha suas iniciais ou o seu nome e nos devolva até o dia .... Não se preocupe caso não tenha dons artísticos. Qualquer esforço será muito apreciado.

Uma doação de 2 dólares ajudará a cobrir as despesas com o material e a pagar a costureira para juntar os quadrados e fazer uma bela colcha de retalhos.

Quando pronta, essa colcha será um presente que a aquecerá todos os dias. Eis algumas sugestões para ajudá-la a começar:

Use lápis de cera para copiar uma ilustração de um livro colorido;

Escreva algumas palavras inspiradoras;

Peça a uma criança que desenhe algo para você;

Escreva uma piada ou alguma coisa engraçada que possa despertar um sorriso.

Existe uma grande força nas pessoas criativas e carinhosas. Você é uma delas. Por favor, participe conosco deste presente.

Eu não posso CURAR, mas posso CUIDAR!

Gestos de Bondade para com a Comunidade

TEMPOS DIFÍCEIS — CRIANÇAS DIFÍCEIS

Crianças difíceis podem ser definidas como aquelas que estão correndo algum risco físico ou emocional. Pode ser o menino que expressa suas frustrações de uma maneira violenta. Talvez seja o garoto com dificuldades de aprendizagem, que não consegue acompanhar a classe. Ou, quem sabe, a criança que sofre do que nenhuma criança deveria sofrer em sua idade: de doenças graves. Toda comunidade tem seu quinhão de crianças em risco, que podem morrer se ninguém tomar uma providência.

Carolyn Liebig é a motorista do ônibus escolar de nosso município. Veterana, com trinta anos de serviço, conhece praticamente cada criança da comunidade, e levou à escola a maioria de seus pais. As coisas não passam em branco por ela. Ela acredita no contato direto. Seu conselho pode ser contundente, mas todo mundo capta o amor e a preocupação em sua voz, assim como o brilho em seus olhos alegres, e a ouve!

Liebig tem também a seu favor seu extremo cuidado com as crianças. Ela dirá às crianças que vão à escola, e isso num linguajar bem característico, se elas estiverem agindo de maneira errada ou perigosa. Muitas vezes, as crianças ouviram o seu sermão: "Eu me importo com você e estou de olho!"

Precisamos de Liebigs neste mundo porque elas são importantes. Embora possamos não desejar seguir o mesmo estilo ou enfoque delas, o que fazem é de vital importância para toda e qualquer comunidade. Assim como desafiam barreiras, os jovens também as procuram. Pessoas como Liebig vêem os jovens com naturalidade e podem ser o leme que mantém o garoto no curso certo.

Durante treze anos, Liebig levou Linda à escola — do jardim-de-infância ao segundo grau. Quando o filho de Linda, Billy, fez cinco anos, ele também deu uma volta no enorme ônibus amarelo de Liebig.

Um dia diagnosticaram leucemia em Billy. Liebig mais uma vez superou seu papel de funcionária pública para exercer o de anjo de bondade dando apoio a Linda das mais diversas formas: passando toda manhã em sua casa, mesmo que Billy estivesse muito doente para ir à escola; escrevendo a ele bilhetes para animá-lo; falando com seu professor particular sobre seus progressos; dando em Linda um grande abraço sempre que a encontrava na mercearia. Liebig lhe oferecia a caixa de lenços de papel que sempre trazia na bolsa, e ouvia e visitava assiduamente os avós de Billy, que também precisavam de consolo.

A história acabou mal, Billy morreu, mas Liebig proporcionou conforto e amparo à família enlutada.

Billy corria um risco físico, mas para cada Billy existem vinte crianças emocionalmente em risco. Pessoas como Carolyn Liebig criam uma verdadeira comunidade, em vez de um amontoado de casas e de gente. O amor só produz uma Carolyn Liebig em cada época!

GESTOS DE BONDADE QUE PODEM PROVOCAR MUDANÇAS EM CRIANÇAS DIFÍCEIS

Você já lidou com crianças difíceis? Às vezes essas crianças são jogadas de lá para cá, da escola para o orfanato e de volta à escola. Mal tendo chegado a freqüentar uma sala de aula para melhor ou para pior, elas têm que partir subitamente. Essa inconstância em sua vida pode explicar, em parte, seu comportamento tão problemático. Eis algumas coisas que você pode fazer para evitar que elas se percam:

- Se você é professor, mande seus alunos escrever a essa criança para que ela, onde quer que esteja, sinta que existe um vínculo de união com os colegas. Um professor que conhecemos levou um gravador e deu a cada aluno a oportunidade de mandar uma mensagem falada a um colega enviado a um centro de tratamento. As crianças adoraram ouvir como suas vozes soavam diferentes na fita e puderam usar o microfone sem limite de tempo, o que muito as agradou. A gravação ficou engraçada, divertida e cheia de amor. A criança do outro lado também ficou muito contente.
- Se a criança está passando por uma crise emocional e tem a chance de receber a ajuda de um conselheiro, inclua amigos, avós, tutores e professores de confiança no tratamento.
- Numa das escolas em que trabalhei, havia o "Clube de Ajuda". Pedia-se aos funcionários que trabalhavam com alunos problemáticos para que os ajudassem o máximo possível no seu meio estudantil. Gestos de bondade que presenciei consistiam numa dose extra de lanche escolar, em batidinhas nas costas, abraços, possibilidade de sair da classe se não estivessem suportando o estresse que os dominava e em permissão de entrar na classe antes da aula, se estivessem precisando de um lugar quente e seguro.
- Meladee costuma escolher todos os anos uma criança carente de amizade, de amor e de um lugar seguro e a nomeia sua "Gerente" honorária. Essa criança costuma chegar, fazer café, colocar papel na copiadora e fazer uma infinidade de pequenos trabalhos. Por isso Meladee paga a ela um pequeno "salário". A criança se sente importante e orgulhosa das suas pequenas incumbências.
- Um parente de uma dessas crianças que tenha tido um contato

especial com ela pode ser convidado a participar desse grupo de apoio.

- Um vizinho que de alguma forma ajude a família, pode vir a ser um membro da equipe da bondade. Essa pessoa pode cuidar da criança se ela não tem com quem ficar, proporcionando ao pai ou a mãe tempo para procurar trabalho, dar um passeio ou simplesmente descansar. A criança terá toda a atenção de uma pessoa adulta dedicada.

DIGA ADEUS AOS "ISMOS"

Acreditamos que bem dentro de todos nós existe uma alma imortal. A alma é pura, amorosa e completamente receptiva. Pressupondo que isso seja verdade, você pode imaginar o que sua alma diria se encontrasse outra alma? Ela perguntaria: "Você é uma alma branca ou uma alma negra?" ou "Você é uma alma Republicana ou Democrata?" ou "Você é uma alma moça ou velha?"

Não podemos sequer imaginar que essas questões possam ser importantes no nível da alma. Portanto, penso que, se minha alma pudesse encontrar a sua, elas apenas amariam uma à outra. Toda rejeição, discriminação, sentido de estranheza e distância que vivenciamos, derivam do fato de estarmos distanciados do nosso eu espiritual e influenciados pelas coisas detestáveis que nos ensinaram.

Com algum esforço é possível você livrar-se da maior parte desse modo de pensar inútil e distorcido.

Faça o que é certo! Seja em seu grupo a pessoa que dê um basta ao criticismo, ao racismo, aos preconceitos de idade, de sexo e com relação ao homossexualismo.

Formas de acabar com "ismos":

- Se alguém lhe contar uma piada racista ou fizer outra coisa que inferiorize alguém, diga-lhe que você não pactua com procedimentos que humilhem qualquer grupo que seja.

- Se existe determinado grupo pelo qual você sente alguma prevenção, fale com os seus membros para poder esclarecer suas idéias sobre quem são. Um dos grandes princípios da vitória contra o medo é enfrentar e não fugir da coisa temida. Arranje tempo e oportunidade de freqüentar esse grupo e aprender sobre ele. É mais difícil segregar alguém quando você o conhece.
- Se você estiver fazendo comentários ou sendo conivente quanto a críticas a qualquer grupo particular, pergunte a si mesmo o que existe por detrás desses sentimentos negativos. É ódio provocado por algum acontecimento específico? É medo do desconhecido ou do diferente? Comprometa-se a não continuar fazendo esses comentários e até, pelo contrário, de procurar solucionar seus conflitos interiores.
- Se você tem filhos cujo estilo de vida diverge dos seus padrões, ame-os e lhes dê apoio por quem são. Abra portas, não se afaste pelo fato de eles terem um modo diferente de vida. Lembre-se da mãe que descobriu que o filho era homossexual e apoiou seus direitos desfilando pelas ruas de Nova York com um cartaz feito a mão que dizia: "Pais de homossexuais, unam-se em apoio a seus filhos." Os pais precisam estar bem conscientes de que, quando caçoam ou maldizem os homossexuais, podem estar caçoando ou maldizendo seus próprios filhos.
- Ajude a construir um mundo seguro para todas as crianças e adultos — não apenas para os privilegiados que se encaixam na imagem popular veiculada pelos meios de comunicação.
- Amplie o seu círculo de amizades para abranger pessoas de diferentes preferências sexuais, raças, idades e estilos de vida. Saia do seu ambiente de costume para entrar em contato com essas pessoas e aprender sobre elas — depois dê-lhes um pouco de si mesmo.
- Não parta do princípio de que pais solteiros — tanto homens como mulheres — estão fazendo algo errado. Em vez de lhes

dar lições de moral, ampare-os e ajude-os a vencer os obstáculos. Pais solteiros — não importa quais sejam suas condições — podem sempre aproveitar um soninho a mais, um dia de folga, vitaminas extras e um ombro amigo.

Faça sempre o que é certo. Isso agradará algumas pessoas e deixará as outras espantadas.

GESTOS DE BONDADE PARA COM O MEIO AMBIENTE

Muitos americanos estão hoje desenvolvendo um forte senso comunitário. Uma das formas de contribuir para o bem de sua comunidade é proteger e preservar o meio ambiente.

Carolyn Chipman-Evans viu uma grande beleza num pedaço de terra comprado por sua cidade natal. Nele seriam construídas quadras de esportes, pistas de corrida e piscinas. Chipman-Evans visitou a pessoa encarregada dos planos ligados ao empreendimento e mostrou que os bosques e o pântano, ignorados, podiam ser uma trilha natural. Explicou que uma trilha natural podia atrair turistas para a cidade e beneficiar a economia.

Ela partiu de sua natureza bondosa para tratar do projeto, compreendendo que, na maioria dos governos, o pessoal está sobrecarregado de críticas e de queixas e precisa de uma visão positiva de seu papel. O professor de ciências ambientais da escola da região ouviu falar do projeto de Chipman-Evans e procurou-a para trabalhar, juntamente com seus alunos, como voluntário. Combinaram a força dos cérebros e dos músculos para limpar a área e plantar árvores duas vezes por mês. A Cibolo Wilderness Trail é motivo de orgulho para a cidade de Boerne, no Texas, e atrai anualmente milhares de turistas.

CRIAR CIDADES EXEMPLARES

Algumas cidades transmitem às pessoas uma mensagem especial: elas parecem seguras. Você tem a impressão de que, se deixar a bolsa num restaurante, alguém a devolverá. São comunidades acolhedoras e convidativas. Quando você anda pelas ruas, as pessoas sorriem para você e se sentem felizes por lhe dar informações.

Essas cidades até parecem mais bonitas que as outras. Não é imaginação: elas são mais bonitas. Há mais cuidado em conservar as ruas e as praças limpas e esteticamente atraentes.

Eis algumas estratégias bondosas para construir uma comunidade convidativa:

- Entre em contato com a Câmara de Comércio da sua cidade e pergunte se você poderia contar com seu apoio ao dar início a um plano para tornar a cidade mais bonita. Pergunte se eles poderiam fornecer fundos para a aquisição de material de limpeza para a remoção dos grafites das placas, dos prédios, das caixas utilitárias e de correio. Pergunte-lhes se podem fazer propaganda do programa e se dariam aos voluntários camisetas com os seguintes dizeres: "Eu cuido da minha cidade."
- Se você for artista, ofereça seus dotes para reinventar ou criar algo mais belo a partir dos grafites rabiscados nas paredes dos prédios da sua cidade. Talvez você possa iniciar um projeto destinado a desenvolver as habilidades artísticas dos próprios garotos que picharam as paredes! Se possível, recrute-os para colaborar na limpeza da cidade. Quem sabe isso até possa selar o armistício entre "tribos" rivais.

As lojas poderiam colaborar com o plano, para embelezar a cidade, das seguintes formas:

- Colocar um belíssimo arranjo de flores na entrada de seu estabelecimento.

- Se a loja tiver vitrinas, expor obras de artistas da região, incluindo as obras dos alunos de sua comunidade.
- Proporcionar diversidade visual à calçada e usar a imaginação e pôr muitas cores em suas placas de propaganda ambulantes.
- Manter os bueiros, as calçadas e a fachada das lojas brilhantes de tanta limpeza. Plantar flores e árvores se houver espaço.
- Pendurar bandeirolas coloridas dando aos fregueses as boas-vindas a um lugar agradável e acolhedor.
- Colocar no balcão, bem à vista, um cartaz supersimpático com os seguintes dizeres:

  Aqui se fala a língua da bondade

  Ganhe uma amostra em troca de uma história engraçada.

  Conte o que há de novo e de bom acontecendo com você e lhe daremos uma dose extra.

  Sentimos orgulho do nosso estabelecimento e da nossa comunidade.

  Divida conosco suas boas idéias.
- Proporcione às pessoas que tenham dificuldade de locomoção acesso para cadeiras de rodas e placas de orientação para esse acesso. Faça isso mesmo que o seu estabelecimento não seja obrigado por lei a ter esse tipo de acesso. Faça-o, porque é o certo e o justo.
- Se você é dono de um restaurante, afaste as mesas cerca de uns 15 cm para que as cadeiras de rodas possam circular sem problemas. Proporcione aos funcionários da loja um treinamento especial para que eles possam servir melhor os fregueses deficientes.
- Se se trata de uma loja de varejo, arrume os produtos em prateleiras de alturas diferentes a fim de proporcionar igual acesso a todos.
- Anote numa caderneta uns poucos sinais básicos que ajudem seu pessoal a se comunicar com deficientes auditivos. Disso resulta um contato gratificante e um duradouro sentimento de estima.

— Colaboração de Cecelia DeCuir

FAÇA A COISA CERTA PARA AS CRIANÇAS

Um grupo de pais de Holyoke, Massachusetts, deu no Dia dos Pais um presente a seus filhos: um parque seguro e limpo. Eles se reuniram com os membros de várias famílias, na terceira limpeza anual do Playground Kelly A. Constant.

Esse gesto de bondade por parte dos pais constitui um belo exemplo para as crianças e para os adultos por diversas razões: reafirma a importância, para todos os cidadãos, de uma comunidade segura; mostra que o trabalho voluntário representa um valioso tesouro comunitário; ilustra como a união de técnicas e de recursos torna possível a realização de grandes projetos; e prova que uma comunidade é formada graças às escolhas diárias de cada cidadão.

A felicidade da vida é feita
de pequenos agrados, como um sorriso ou um beijo,
um olhar bondoso ou um aceno cordial.

— Samuel Taylor Coleridge

PROMOVA UM CLIMA DE ESPERANÇA

Quando as pessoas perdem a esperança, seu comportamento muda para pior; pessoas habitualmente generosas tornam-se sovinas; as boas tornam-se más; as calmas e gentis, violentas.

Acaso a criança que tem boas notas espalha tinta de grafite nas paredes da escola ou quebra os vidros das janelas? É muito pouco provável. A maioria desses atos de vandalismo é cometida por crianças impotentes, cerceadas, sem esperança.

Um gesto de bondade político e social é dar esperança ao desesperado, em todas as situações possíveis. Se puder fazer disso a sua missão, você não somente estará sendo bondoso para com os outros como fará de seu mundo um lugar melhor.

Se não souber por onde começar, olhe ao seu redor. Em cada situação da sua vida, veja se pode ser você quem encontre soluções positivas. Por exemplo, talvez você possa lembrar à professora que gosta de castigar que sua missão é forjar heróis e não distribuir zeros. Quando um chefe furioso deseja despedir alguém por uma falta ou infração, lembre-lhe quanto tempo e dinheiro foram gastos no recrutamento e no treinamento de cada funcionário. Aconselhe o chefe a considerar um novo treinamento e orientação com vistas a uma melhor produtividade, em vez de demitir o empregado. Isso será de grande valia, não só para a empresa como para o moral do empregado.

Proporcione às pessoas uma colher de chá, uma oportunidade de corrigir os erros que cometeram. Comece a fazer isso em seu próprio lar, quando estiver às voltas com seus filhos. Dê-lhes opções que não sejam ordens peremptórias. Se um pai fala apenas em certo e errado, bom e mau, aceitável e inaceitável, os filhos podem optar por ir embora.

Como pais, sempre nos esforçamos por encontrar alternativas para as punições. Se nosso filho quebrou alguma coisa, tentamos ensiná-lo a consertar. Se ele se esqueceu de fazer a lição de casa, não pode sair até fazê-la, mas não fica de castigo durante duas semanas. Os aviões é que ficam presos ao solo; as crianças, não. Estas precisam de orientação para fazer a escolha certa.

Pode ser verdade que o fraco será sempre prensado
contra a parede; cabe, porém, à sociedade fazer
que essa parede seja escalável.

—Sidney Harris

Gestos de Bondade na Educação

ESPALHANDO O BEM

Tivemos a oportunidade de presenciar um grande gesto de bondade e de afirmação por parte de um superintendente escolar distrital. Nesse distrito escolar, graças ao empenho do seu superintendente em reconhecer o valor de seus funcionários, a atmosfera é leve, alegre, asseada, profissional, organizada, agradável e convidativa.

Pudemos constatar tudo isso num dia de avaliação do desenvolvimento do pessoal, em que a chefia costuma elogiar e valorizar seus empregados diante de todo mundo reunido para assistir à cerimônia.

Durante anos, o superintendente vem selecionando dois professores e dois empregados qualificados — entre secretárias, motoristas de ônibus e pessoal da manutenção — para receber o Prêmio de Compromisso com a Qualidade. Eis os critérios de seleção: profissionalismo, criatividade, produtividade, originalidade, confiabilidade, motivação e dedicação aos alunos e ao pessoal. Os premiados serão os juízes da premiação do ano seguinte. A verba para essa finalidade é de apenas 200 dólares. Cada empregado recebe 50 dólares e tem seu nome gravado no Troféu de Compromisso com a Qualidade.

Os vencedores do ano anterior falam um de cada vez. Cada um faz uma descrição das ótimas qualidades e das conquistas realizadas pelo novo premiado sem mencionar seu nome até o fim dos comentários.

O vencedor apresenta-se para receber o cheque, uma placa e o aplauso de todos.

O reconhecimento pode exercer um efeito muito poderoso sobre as pessoas. Reforça a idéia de que elas são criaturas especiais. As pessoas precisam sentir que importam, que contribuem, que são bem-sucedidas. Quando isso acontece, a sua produtividade aumenta.

Esse gesto de bondade pode ocorrer tanto em empresas como em escolas. É o reconhecimento simples e permanente das qualidades dos colegas.

UMA DÍVIDA SILENCIOSA DA BONDADE

O que você diria de uma classe negativa e destrutiva que passasse a ser atenciosa e solícita? E se essa transição tiver ocorrido sem ameaças, castigos ou técnicas específicas para mudar o comportamento dos alunos? Você pode imaginar uma classe que costumava ser punida por conduta inadequada, passar a surpreender as pessoas por seu bom comportamento? Que tal conceder um crédito extra para quem descobrir e expressar o que há de bom em cada colega?

Esses foram os objetivos do Projeto da Dádiva Silenciosa, instituído pela Baylor University. O projeto fazia parte do curso de Saúde Mental e Emocional e tinha como objetivo promover os vínculos humano e espiritual. Em seu artigo "A Dádiva Silenciosa: Projeto para a Saúde Espiritual", Nancy L. Jose escreveu: "As crianças procuraram descobrir o que havia de bom em cada uma delas e aprenderam a expressar o bem que encontraram. Em breve, tornaram-se mais felizes, mais dispostas a ajudar umas às outras e mais produtivas em classe."

É um desafio reorganizar uma classe, fazendo-a passar de vencedora-perdedora a vencedora-vencedora. Esse modelo ensina aos estudantes a técnica e a capacidade de se amar e se aceitar mutuamente, de aceitarem a responsabilidade por si e pelos outros, de desenvolver um senso de integridade e de confiança e a capacidade de doação.

As atividades e os exercícios do Projeto da Dádiva Silenciosa são os seguintes:

- Encorajar os estudantes a dar um pouco de si mesmos a uma pessoa, a um grupo, ou a outro ser vivo pelo menos três vezes por semana durante um semestre. O importante desse ato está no fato de partilhar ou de se dedicar, apenas por amor, sem esperar nada em troca.
- Sugira aos alunos que registrem num diário pessoal suas ações e reações interiores com relação ao seu altruísmo. Incentive-os acrescentando dados e avaliações do corpo docente.
- Peça aos estudantes para redigirem uma análise de suas reações pessoais, abrangendo diversos aspectos como sentimentos pessoais, reações ao projeto, benefícios advindos deste impacto em sua vida, as dimensões da saúde que foram mais afetadas e qualquer outro comentário que desejem fazer.

GESTOS DE BONDADE REALIZADOS POR ALUNOS

Um aluno enviou bilhetes anônimos de ânimo e força espiritual a um docente da faculdade que não era dos mais apreciados no campus. Os bilhetes eram colocados no pára-brisa de seu carro, sob a porta do seu gabinete ou em sua caixa de correspondência da faculdade. O aluno registrou sobretudo a sensação que experimentou diante da possibilidade de ser descoberto e a ternura que sentia ao observar o professor sorrir quando lia seus bilhetes quase diários.

Outra aluna estabeleceu critérios específicos para a concessão de seus mais preciosos gestos silenciosos de bondade: as pessoas teriam de parecer necessitadas; teriam de ser pessoas pelas quais ela não sentisse um afeto particular ou com as quais tivesse dificuldade de se relacionar. Ela selecionou uma série de pessoas e sua contribuição foi limpar seus quintais, lavar seus carros, enviar-lhes bilhetinhos e fazer tortas para elas.

A classe inteira preparou uma grande festa que coincidiu com o começo das férias. Organizou uma passeata para a coleta de alimentos e agasalhos, contribuindo os alunos com alguns itens. Alunos, membros da faculdade e famílias da comunidade foram os beneficiários desse movimento. Eles receberam do clube da bondade doações anônimas, belíssimas.

Depois dessa experiência, os estudantes comentaram que adquiriram uma maior consciência pessoal com relação a seus semelhantes e perceberam como uma comunidade pode ser saudável se promover um genuíno amor recíproco.

Os professores esperavam que o projeto cujas estratégias visavam ensinar a dar sem nada esperar receber em troca contribuísse para aumentar a auto-estima dos alunos. As reações e o entusiasmo dos alunos pelo projeto pareceram superar essas expectativas.

Essa idéia pode ser realizada de várias maneiras:

- Um curso dedicado à promoção da amizade: para jovens em situação de alto risco que se sintam desesperados e desamparados. O compromisso de praticar a bondade poderia ajudá-los a compreender o poder da bondade e a desenvolver seu desejo de contribuir.
- Um curso que fale sobre o casamento e sobre a vida em família: para os alunos descobrirem formas positivas de aprimorar os relacionamentos com pessoas importantes para eles.
- Um curso dedicado à filantropia: para os alunos aprenderem a praticar a caridade e o ato de dar sem esperar nada em troca.
- Um Conselho Escolar ou um Programa de Desenvolvimento instituído pela diretoria da Escola: destinado às pessoas interessadas em trabalhar em prol de um ambiente ou clima escolar positivos. As idéias para o curso podem incluir meios de encorajar outras pessoas e de surpreender alunos e profes-

sores no ato de dar um ao outro. Procurar formas de atrair os pais de volta às escolas é um fator vital do sucesso educacional.

— Colaboração de Jack D. Osman, Ph.D.

APRENDA A FAZER GESTOS DE BONDADE

Se queremos realmente que a futura geração seja bondosa com as outras pessoas, com outros países, com o ambiente e com todos os outros seres vivos, precisamos ensinar e praticar a bondade.

Por que não criar em nossas escolas um curso de bondade?

Embora esse curso possa não ser, a curto prazo, adotado oficialmente pela grande maioria dos distritos escolares, eis algumas maneiras de as crianças aprenderem a fazer gestos de bondade:

- Ensinando-as a ser solícitas.
- Estabelecendo metas.
- Ensinando-as a tomar decisões.
- Mostrando-lhes a causa e o efeito da administração do dinheiro.
- Mostrando-lhes as dificuldades que muitas espécies de plantas e animais enfrentam para sobreviver no ambiente atual.
- Conscientizando-as de que podem fazer algo para melhorar as coisas.
- Incutindo nelas a idéia de que gestos de bondade fazem as pessoas se sentir melhor, além de dar um sentido à vida.
- Organizando um projeto para coleta e para reciclagem de materiais e dedicando a soma obtida ao amparo de um animal, recolhido ao zôo local, que esteja em perigo de extinção. Aproveitando a oportunidade para demonstrar às crianças os

efeitos decorrentes da proteção do meio ambiente, e também a lidar com dinheiro.

- Ensinando-as a fazer amizade com um colega deficiente. Incentivar os estudantes de conhecimentos gerais a fazer par com alunos deficientes, fazendo que eles cooperem e participem das atividades sociais e culturais. Todos aprenderão sobre diferenças e semelhanças, compaixão, paciência, tolerância, cooperação e proteção. As crianças deficientes aprenderão a ser parte de uma comunidade social, a ter amigos e a ser amigas.
- Organizando uma "Feira de Conscientização da Deficiência". Colocar quiosques na biblioteca e na cantina para que, através de experiências diretas, os alunos, funcionários e familiares saibam o que é ser deficiente físico. A experiência esclarecerá aqueles que não tiveram a oportunidade de entrar em contato com uma ampla gama de deficiências.

As crianças não se importam com o que
você sabe até descobrirem que você importa.

— *Jack Canfield*

Breves Gestos de Bondade que Você Pode Fazer com Todo o seu Coração

BREVES GESTOS DE BONDADE QUE VOCÊ PODE FAZER COM TODO O SEU CORAÇÃO

1. Sorria.
2. Ofereça o ombro a alguém.
3. Dê umas palmadinhas nas costas.
4. Diga "obrigado".
5. Dê um beijo inesperado.
6. ... ou um abraço caloroso.
7. Diga "Você está ótimo" e seja sincero.
8. Massageie costas e ombros cansados. Pergunte: "É assim que você quer? Mais forte? Mais fraco?" Deixe que a pessoa que está sendo massageada comande seus movimentos.
9. Aplique uma compressa fria na testa de uma pessoa febril num dia muito quente.
10. Quando se sentir deprimido, assobie, mas não alto a ponto de perturbar as outras pessoas.
11. Mantenha o limite de 60 km por hora — na pista da direita.
12. Diga "Bom-dia", mesmo que não seja um bom dia. Algumas vezes suas palavras ajudarão as pessoas a ver o que há de bom naquela manhã.
13. Envie uma carta inesperada e carinhosa a um velho amigo.
14. Dê um telefonema de surpresa para falar à pessoa das boas lembranças que você guarda dela no seu coração.
15. Lave a louça quando não for a sua vez.
16. Jogue o lixo fora mesmo que não seja a sua vez.

17. Ignore uma observação rude.
18. Deixe uma mensagem carinhosa na secretária eletrônica do seu amor.
19. Limpe a garagem quando for a vez do seu companheiro.
20. Inicie o dia de alguém contando uma piada ou uma história engraçada.
21. Faça café no escritório — para a sua secretária, por exemplo.
22. Guarde a página dos classificados para alguém que esteja procurando emprego.
23. Escreva uma carta elogiosa ao editor de um livro que você gostou.
24. Leve o vovô e a vovó para almoçar.
25. Não discuta sobre a próxima eleição com seu cunhado.
26. Não discuta a respeito do Super Bowl com um membro da família que torça pelo time que perdeu.
27. Envie um cartão de lembranças.
28. Acene e sorria para o manobrista do estacionamento.
29. Use somente uma vaga no estacionamento.
30. Pague suas contas em dia.
31. Dê suas roupas usadas a uma pessoa necessitada ou a uma instituição que as encaminhe às pessoas certas.
32. Transmita boas notícias. Não espalhe boatos.
33. Envie uma carta a uma empresa cumprimentando-a pela excelência de seu produto.
34. Compre o vinho que o seu companheiro gosta.
35. Compre o queijo que o seu companheiro gosta.
36. Diga algo agradável a alguém.
37. Pondere a respeito de um ponto de vista diferente.
38. Empreste um de seus livros favoritos. Não fique insistindo para tê-lo de volta.
39. Devolva o livro que um amigo lhe emprestou.
40. Deixe seu parceiro ganhar no golfe.
41. Deixe seu parceiro ganhar no tênis.
42. Brinque com uma criancinha.

43. Em vez de dar conselhos, ajude uma pessoa a encontrar soluções.
44. Leve para o escritório uma caixa de biscoitos feitos em casa. Coloque-a junto à garrafa de café com um bilhete: "Presente de um fantasma."
45. Visite um idoso convalescente.
46. Esqueça uma velha mágoa.
47. Converse com uma criança solitária.
48. Ria de uma velha piada.
49. Ria de uma piada sem graça.
50. Diga a seu companheiro que ele é maravilhoso.
51. Diga à sua companheira que ela é linda.
52. Leve as crianças ao parque.
53. ...... ou ao zoológico.
54. ...... ou para ver a neve.
55. Leve café na cama depois lave a louça.
56. Coloque uma música suave e deixe o ambiente à meia-luz.
57. Limpe a casa para os seus pais.
58. Conte um sonho.
59. Cultive o hábito de caminhar com seu companheiro.
60. Seja os "olhos e os ouvidos" de seus amigos. Se você sabe que um amigo está procurando alguma coisa ou tem um *hobby* ou um grande interesse, recorte e envie todo artigo que encontrar sobre o assunto nos jornais.
61. Adote um gato sem dono ou um cachorro perdido.
62. Associe-se ao movimento de apoio a menores carentes. Faça companhia a uma criança que precise do apoio de uma pessoa adulta.
63. Guarde um segredo.
64. Tente entender um adolescente. Tente e tente novamente. Até conseguir.
65. Tente entender um adulto. Tente e tente novamente. Até conseguir.
66. Aperte o tubo da pasta de dentes pela base.

67. Passe para a frente um elogio que você ouviu por acaso. Esqueça uma crítica que você ouviu por acaso.
68. Deixe alguém passar à sua frente na fila.
69. Surpreenda alguém que está fazendo a coisa certa dizendo: "Bom trabalho!"
70. Envie uma mensagem amável para um computador. E ao operador favorito do computador.
71. Diga a seu oculista que ele tem belos olhos.
72. Reconheça que estava errado. Desculpe-se, mesmo não achando que estava errado.
73. Reconheça que alguém estava certo. Faça-o com boa vontade e em tom carinhoso.
74. Peça "Por favor".
75. Diga sim quando preferir dizer não.
76. Ajude alguém a trocar um pneu.
77. Fique em silêncio quando estiver consultando na biblioteca.
78. Datilografe um trabalho de final de ano letivo para um amigo.
79. Explique pacientemente.
80. Fale a verdade. Mas com tato e bondade. Pergunte a si mesmo: "A pessoa tem mesmo de ouvir isto?"
81. Alegre uma pessoa triste. Mas não exija que sua tristeza vá logo embora.
82. Arque com uma responsabilidade.
83. Espalhe um pouco de alegria.
84. Fique calmo ou esforce-se por aprender a ficar calmo.
85. Dê um pequeno presente ao carteiro.
86. .... e ao seu lixeiro.
87. Troque para alguém a fita da máquina de escrever ou o cartucho da impressora do computador.
88. Corte a grama.
89. Na hora de dormir, conte uma história a uma criança ou peça à ela que lhe conte uma.
90. Pratique anonimamente uma boa ação.

91. Divida com alguém o seu guarda-chuva.
92. .... e sua vitamina C.
93. Tenha sempre no carro um cobertor para dar a um desabrigado e, ao mesmo tempo, passe-lhe uma nota de 20 dólares.
94. Envie a alguém uma poesia escrita por você ou que seja a sua favorita.
95. Deixe um cartão engraçado sob o limpador de pára-brisa.
96. Cole uma mensagem de amor na geladeira.
97. Fique calada enquanto ele assiste ao seu programa favorito.
98. Fique calado enquanto ela vê o seu.
99. Dê a alguém uma flor do seu jardim.
100. Contemple um lindo pôr-do-sol ao lado de quem você ama.
101. Diga "Eu te amo" primeiro. Diga sempre.
102. Deixe de lado um ressentimento, substituindo-o por lembranças agradáveis.
103. Conte a alguém, cujo ânimo esteja abalado, uma história engraçada.
104. Ofereça a alguém uma goma de mascar ou uma bala de hortelã.
105. Responda com delicadeza.
106. Livre-se da inveja e da malícia.
107. Leve a alguém uma limonada fresquinha num dia de calor.
108. Anime um jovem a fazer o melhor.
109. Conte uma experiência e transmita esperança.
110. Decida-se a não ver os pequenos problemas através de uma lente de aumento. E também procure não subestimar os problemas alheios.
111. Deixe de dizer alguma coisa; não fale sem pensar.
112. Encontre tempo. Sim, você pode. É só você fazer novas opções.
113. Pondere bastante.
114. Perdoe uma injustiça.
115. Ouça.
116. Avalie suas exigências com relação aos outros. Abra mão de algumas.

117. Não faça drama. Procure ver o lado cômico de uma situação.
118. Dê um passeio a sós quando sente que vai estourar.
119. Ria mais alto que todos quando a piada é sobre você.
120. Seja amigo.
121. Seja otimista.
122. Demonstre gratidão.
123. Leia para alguém algo animador.
124. Faça o que gosta e goste do que faz.
125. Tenha sempre consigo uma máquina fotográfica e não perca a oportunidade de captar a bondade e belas pessoas em ação.
126. Mande-lhes uma cópia.
127. Se vir lixo na calçada, recolha-o em vez de passar por cima.
128. Seja autêntico.
129. Mostre às pessoas que você ama a beleza e as maravilhas da natureza.
130. Ande ereto.
131. Olhe as pessoas nos olhos exceto aquelas que se sentem mal com isso.
132. Fale com as crianças ao nível de seus olhos.
133. Desenvolva seu potencial de alegria. De um jeito de fazer bobagens regularmente.
134. Nunca perca a oportunidade de ser carinhoso com as pessoas amadas.
135. Numa noite de verão, convide a pessoa amada para relaxar e deitar na grama, enquanto vocês olham as estrelas.
136. Arranje tempo para conversar com as crianças da vizinhança.
137. Procure todos os dias algo de belo numa pessoa.
138. Reprima a vontade de criticar alguém. Às vezes a oração pode ajudá-lo nessa tarefa.
139. Tenha um coração grato. Expresse a gratidão e os sentimentos que todos nós alimentamos mas que temos muito medo de declarar em voz alta.
140. Cantarole a canção que você tem no coração.

141. Deixe cair um dólar num lugar que alguém possa encontrar.
142. Permita que alguém cometa um erro.
143. Admita uma porção de erros seus.
144. Leve alguém a um passeio inesperado.
145. Leve alguém ao circo.
146. Peça ajuda a um amigo, mesmo que você não precise.

Seção de Informações

p. 65 • Connoly, Patrick. *Love, Dad.* Kansas City, Kansas: Andrews, McMeel & Parker, 1985.

p. 70 • Miles Kimball Co. (41 W. Eighth Ave., Oshkosh, Wisconsin 54906) faz calendários fotográficos personalizados por apenas US$ 8,95.

p. 92 • Richard Feldman ou Pat Berry, Community Worker's Center, 115 Battery Street, Seattle, Washington 98121, (206) 441-7872.

p. 102 • Para mais informações a respeito do Voluntary Action Center, ligar para (413) 737-2691.

p. 123 • Para mais informações a respeito de como trabalhar com jovens amerasiáticos, entrar em contato com Robert Duffney pelo telefone (413) 739-9771 ou escrever diretamente para ele (916 Carew Street, Springfield, Massachusetts 01104).

p. 145 • Lifeline Pilots, Route 4, Box 150, Olney, Illinois 60450.

p. 147 • Fitas de cura podem ser obtidas através do dr. Emmett E. Miller, P. O. Box W, Stanford, California 94309, (415) 328-7172.

p. 166 • Nancy L. Jose, "The Silent Gift: A Project for Spiritual Health", *Journal of School Health* (Fevereiro 1987), pp. 72-73.

Instruções para Fazer uma Colcha de Retalhos que Conforta e Aquece

Você vai precisar do seguinte material: tecido de algodão cujos padrões combinem, tesoura, máquina de costura, fita métrica, lápis, alfinetes de segurança, um enchimento de 1,5 m por 2 m, 5 metros de forro de flanela, agulha para linha grossa, linha de seda para bordar e 5 metros de tecido.

1. Corte o tecido em 30 quadrados, de 30 por 30 cm, deixando nas bordas 2 cm de margem para costurar os quadrados. Você precisará, aproximadamente de 5 metros de material.

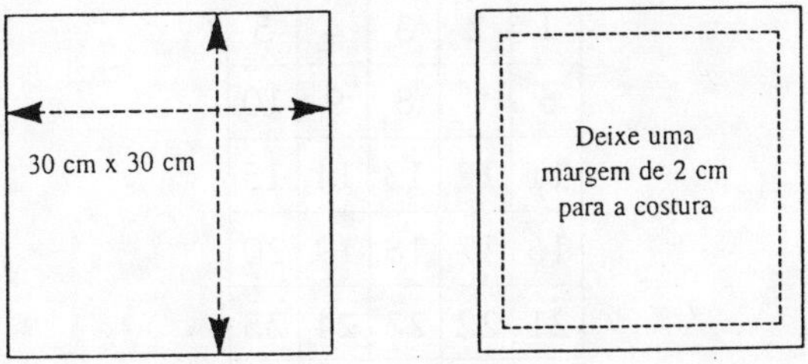

2. Decore os quadrados usando lápis de cera (cubra e pressione os desenhos a *crayon* para fixar as cores), tinta para tecido, apliques ou bordados.

3. Coloque cinco fileiras na vertical e seis na horizontal.

4. Costure os quadrados obedecendo às margens deixadas para a costura. Vire do avesso e passe as costuras.

5. Estenda o forro sobre uma mesa grande.

6. Estenda a parte superior da colcha sobre o forro unindo todos os lados por igual. Estique bem, ajeite bem essa parte e prenda com alfinetes. Corte o pano que estiver sobrando.

7. Alinhave os quatro lados da colcha, deixando num deles uma abertura de 80 cm. (Não vire a colcha para o lado direito.)

8. Estenda a colcha sobre o enchimento. Alise e ajeite o enchimento para que ele se ajuste às medidas da parte superior da colcha.

9. Ajeite os cantos e os lados firmemente, para manter o enchimento no lugar, à medida que você vai em direção à abertura. Comece no canto oposto à abertura.

10. Vire a colcha para o lado direito e estenda-a cuidadosamente, mantendo as camadas juntas.

11. Costure a abertura.

12. Coloque um alfinete de segurança na junção de cada quadrado.

13. Emende a colcha usando uma agulha grossa e linha de seda de bordar. Com os dedos, passe a linha com a ajuda da agulha, puxe-a do outro lado e dê um nó duplo.

1	2	3	4	5
6	7	8	9	10
11	12	13	14	15
16	17	18	19	20
21	22	23	24	25
26	27	28	29	30

Sobre os Autores

Meladee McCarty é uma grande pesquisadora, descobridora e criadora de gestos de bondade. Como especialista em programas de educação da Secretaria Municipal de Educação de Sacramento, tem uma grande experiência com a educação de crianças com graves deficiências físicas, problemas emocionais e comportamentais. Foi pioneira na introdução e no desenvolvimento efetivo de programas especiais de educação e tem feito palestras em inúmeras convenções, encontros, programas destinados ao desenvolvimento de funcionários e programas para pais.

Meladee fala sobre o poder da bondade — no local de trabalho, em casa, na escola — e sobre como o planejamento sistemático de gestos de bondade transforma tanto a pessoa que dá como a que recebe.

Hanoch McCarty é outro grande inovador em matéria de descobrimento e de promoção da bondade. Ele faz conferências em todos os países do mundo há mais de 27 anos. É presidente da Hanoch McCarty & Associates, empresa especializada em seminários e treinamentos, voltados para ajudar organizações e os indivíduos que querem atingir seus objetivos e seu potencial mais amplo, mantendo a mais elevada integridade.

Hanoch orienta seminários e treinamentos "in loco" para corporações, órgãos do governo, distritos escolares, grupos de pais e associações profissionais. Tem sido muito elogiado por seu estilo característico, vibrante, e por suas mensagens que nos fazem pensar.

Hanoch faz apresentações diferenciadas que levam em conta as preocupações, necessidades e experiências dos seus ouvintes. Dispõe de uma grande variedade de programas em fita, de treinamentos em vídeo e de publicações.

Se desejar obter informações sobre os programas de Meladee ou receber um livro e uma fita demonstrativa gratuitos sobre o trabalho de Hanoch, ligue, por favor, para 1-800-231-7353 ou escreva para P. O. Box 66, Galt, Califórnia 95632.

Crie uma Revolução
de Bondade!

Envie-nos uma carta ou um cartão postal contando-nos um gesto de bondade que você tenha realizado, testemunhado, imaginado ou ouvido. Descreva-o o melhor que puder e, com sua permissão, o publicaremos na nossa próxima circular ou futuro livro sobre a bondade. Você estará contribuindo para um mundo melhor.

Envie sua história ao seguinte endereço:

Meladee and Hanoch McCarty
P. O. Box 66
Galt, California 95632

Dar-lhe-emos o crédito pela sua contribuição; por isso, não deixe de pôr em sua carta seu nome, endereço e telefone.

Muito obrigado e, juntos, vamos lutar para que a bondade continue fluindo e crescendo!

Seus na bondade,
Meladee e Hanoch

GESTOS DE EQUILÍBRIO

Tarthang Tulku

Lama-Chefe do Centro Tibetano
de Meditação Nyingma e do
Nyingma Institute

Desde sua primeira publicação em língua inglesa, *Gestos de Equilíbrio* tornou-se um *best-seller* entre as obras do autor e um dos livros sobre meditação mais lidos em todo o mundo, por apresentar o mais profundo estudo a respeito de uma tradição antiga traduzida em termos facilmente assimiláveis para a nossa experiência ocidental.

Guia introdutório à percepção, à autocura e à meditação, este livro discute as qualidades básicas para uma abordagem espiritual da vida, que deve ser vivida com honestidade, responsabilizando-se cada qual pelos próprios atos e abrindo o coração aos outros.

Ao ensinar, nesta obra, como viver o Budismo na vida agitada de nosso dia-a-dia, seu autor — um lama tibetano que há mais de 10 anos continua no seu trabalho pioneiro de aproximação entre Ocidente e Oriente através do que este possui de mais elevado: sua tradição filosófico-religiosa — realizou a façanha de tornar acessíveis para os ocidentais o pensamento e as práticas milenares ensinadas pela tradição budista no Tibete.

ISBN 85-315-0273-X

9 788531 502736

EDITORA PENSAMENTO

O CAMINHO DA AUTOTRANSFORMAÇÃO
The Pathwork of Self-Transformation
Eva Pierrakos

"*O Caminho da Autotransformação,* de Eva Pierrakos, me acompanha há vinte anos. É o trabalho espiritual mais profundo e eficiente que encontrei, e tem me ajudado a realizar os meus sonhos. Cada vez que o leio, fico maravilhada com a profundidade e amplitude de sabedoria e amor que ele ensina. É um caminho de verdade, prático, que modificará a sua vida."

Barbara Ann Brennan, autora de *Mãos de Luz.*

Eva Pierrakos, nascida Eva Wassermann, é natural da Áustria, em cuja capital, Viena, cresceu, enquanto se adensavam sobre a Europa as nuvens que culminariam na Segunda Guerra Mundial. Entretanto, Eva amava a vida, a natureza, os animais, os prazeres da dança, a prática do esqui e a amizade. Deixando a Áustria, ela passou a viver durante algum tempo na Suíça antes de se fixar em Nova York. Durante esse período, tornou-se o canal de comunicação de um espírito-guia altamente desenvolvido que proferiu a série de palestras que formam o conteúdo deste livro.

Sua história é idêntica à de todos os transmissores da verdade espiritual: primeiro, espanto pela manifestação desse dom especial; depois, relutância em admiti-lo; e, finalmente, humilde cumprimento da tarefa com total devotamento. Discretamente, Eva atraiu a si um número sempre crescente de pessoas que se sentiram arrastadas ao caminho da autotransformação ensinado pelo Guia. Trabalhando com seu marido, o psiquiatra John C. Pierrakos, autor de *Energética da Essência,* também publicado pela Editora Cultrix, Eva desenvolveu o que chamou de *The Pathwork,* basicamente, um Caminho, um método psicológico que conduz ao nosso Deus interior pelo confronto entre nossos demônios e nossos anjos, entre os interesses mesquinhos do ego e nossas forças espirituais.

Mostrando-nos como aceitar-nos plenamente como somos agora e a superar tudo o que bloqueia nossa evolução pessoal e espiritual, este livro oferece-nos um método prático, racional e honesto para atingirmos nossa identidade criativa mais profunda.

O TAO DA FÍSICA

Um Paralelo Entre a Física Moderna e o Misticismo Oriental

Fritjof Capra

Este livro analisa as semelhanças — notadas recentemente, mas ainda não discutidas em toda a sua profundidade — entre os conceitos subjacentes à física moderna e as idéias básicas do misticismo oriental. Com base em gráficos e em fotografias, o autor explica de maneira concisa as teorias da física atômica e subatômica, a teoria da relatividade e a astrofísica, de modo a incluir as mais recentes pesquisas, e relata a visão de um mundo que emerge dessas teorias para as tradições místicas do Hinduísmo, do Budismo, do Taoísmo, do Zen e do I Ching.

O autor, que é pesquisador e conferencista experiente, tem o dom notável de explicar os conceitos da física em linguagem acessível aos leigos. Ele transporta o leitor, numa viagem fascinante, ao mundo dos átomos e de seus componentes, obrigando-o quase a se interessar pelo que está lendo. De seu texto, surge o quadro do mundo material não como uma máquina composta de uma infinidade de objetos, mas como um todo harmonioso e "orgânico", cujas partes são determinadas pelas suas correlações. O universo físico moderno, bem como a mística oriental, estão envolvidos numa contínua dança cósmica, formando um sistema de componentes inseparáveis, correlacionados e em constante movimento, do qual o observador é parte integrante. Tal sistema reflete a realidade do mundo da percepção sensorial, que envolve espaços de dimensões mais elevadas e transcende a linguagem corrente e o raciocínio lógico.

Desde que obteve seu doutorado em física, na Universidade de Viena, em 1966, Fritjof Capra vem realizando pesquisas teóricas sobre física de alta energia em várias Universidades, como as de Paris, Califórnia, Santa Cruz, Stanford, e no Imperial College, de Londres. Além de seus escritos sobre pesquisa técnica, escreveu vários artigos sobre as relações da física moderna com o misticismo oriental e realizou inúmeras palestras sobre o assunto, na Inglaterra e nos Estados Unidos. Atualmente, leciona na Universidade da Califórnia, em Berkeley.

A presente edição vem acrescida de um novo capítulo do autor sobre a física subatômica, em reforço às idéias por ele defendidas neste livro.

EDITORA CULTRIX

GIORDANO BRUNO
E A TRADIÇÃO HERMÉTICA

Frances A. Yates

Giordano Bruno, filósofo italiano (1548-1600), é considerado um mártir da liberdade de pensamento. Rebelando-se contra o dogma religioso e contra todo tipo de ensino oficial, defendeu suas idéias diante dos sábios e dos poderosos de todos os países por onde passou, para, enfim, ser condenado à morte na fogueira, por se negar a retratar suas idéias, consideradas heréticas pelo Tribunal da Inquisição.

Hoje, quase quatrocentos anos depois de seu desaparecimento, a disputa em torno de sua figura está longe de ser encerrada. Prova disso é este livro de Frances A. Yates no qual, pela primeira vez, Giordano Bruno é situado no contexto da tradição hermético-cabalista, da qual representa uma variação original e onde surge como um filósofo e um mago, divulgador de uma mensagem religiosa pouco ortodoxa.

Além de ressaltar a importância primordial do hermetismo no pensamento da Renascença, esta reinterpretação revolucionária modifica profundamente o entendimento que se tinha de Giordano Bruno e questiona, com argumentos inéditos, o fato de ter sido condenado à fogueira pela Inquisição.

Esta nova obra de Frances A. Yates — professora de História do Renascimento na Universidade de Londres e autora de *O iluminismo rosa-cruz*, já publicado pela Editora Pensamento — atrairá, sem dúvida, a atenção de todos quantos se interessam pela história das idéias, da religião e da ciência do período áureo do Renascimento.

EDITORA CULTRIX

HEI DE VENCER

ARTHUR RIEDEL

Neste livro, ARTHUR RIEDEL, verdadeiro professor de otimismo, expõe, em linguagem clara e atraente, uma filosofia prática de vida baseada na auto-sugestão mental e no desenvolvimento da vontade. Trata-se de livro que se dirige particularmente a todos quantos ainda não se encontraram ou não acharam à paz interior necessária a uma existência calma e venturosa. HEI DE VENCER ensina seus leitores a cultivarem uma imaginação positiva, que os capacite a obter na vida aqueles triunfos de ordem espiritual e material que antes lhes pareciam impossíveis de alcançar.

EDITORA PENSAMENTO

O PODER DO PENSAMENTO POSITIVO

NORMAN VINCENT PEALE

Eis alguns capítulos deste livro: *Tenha Confiança em Si Mesmo — O Espírito Tranqüilo Gera Energias — Como ter Constante Energia — Recorra ao Poder da Oração — Como Criar a Sua Própria Felicidade — Acabe com a Exaltação e Agitação — Espere Sempre o Melhor e Consiga-o — Não Acredito em Fracassos — Como acabar com as Preocupações — Como Solver os Problemas Pessoais — Como Empregar a Fé na Cura — Quando a Vitalidade Estiver em Declínio, Experimente esta Fórmula de Saúde — O Influxo de Novos Pensamentos Poderá Fazer de Você um Novo Homem — Acalme-se para que Possa Adquirir Facilmente Novas Fôrças — Como Fazer as Pessoas Gostarem de Você — Receita para a Amargura — Como Recorrer ao Poder Supremo — Epílogo.*

Norman Vincent Peale é professor do "New York's Marble Collegiate Church", de Nova Iorque. Considerado na América do Norte como o ministro dos "milhões de ouvintes" e como doutor em "terapêutica espiritual", tornou-se popular através de sua colaboração na imprensa, rádio e televisão e pelos admiráveis volumes em que vem reunindo o melhor de sua constante pregação, particularmente aquela que desde 1937 mantém num dos mais ouvidos programas radiofônicos dos Estados Unidos. Milhares de consultas chegam-lhe diariamente de todos os recantos do mundo. E milhões de pessoas já lhe agradeceram os conselhos e sugestões que as levaram a reencontrar a felicidade perdida.

★

EDITORA CULTRIX

Outras obras de interesse:

AFIRMAÇÕES PARA A CURA DE SI MESMO
J. Donald Walters (Kriyananda)

A AJUDA ATRAVÉS DO INCONSCIENTE
Erhard F. Freitag

A ALEGRIA DE SER VOCÊ MESMO
Darío Lostado

CERIMÔNIAS DE TRANSFORMAÇÃO
Lynda S. Paladin

DESCOMPLICANDO A VIDA - Histórias de esperança e de coragem, inspiração e sabedoria
Michael J. Roads

EU FAÇO O MEU DESTINO - Os doze degraus para a autolibertação
Penny McLean e *Hans C. Meiser*

GIRO INTERIOR - O Processo de Imagens Mentais Dirigidas na Educação de Crianças e Adolescentes
Maureen Murdock

LEIS OCULTAS PARA UMA VIDA MELHOR
Cinira R. de Figueiredo

MEDITAÇÕES - Visualização Criativa e Exercícios de Meditação para Harmonizar a sua Vida
Shakti Gawain

PONTE DE LUZ - Instruções Práticas para a Transformação Espiritual
LaUna Huffines

A TERAPIA DO ABRAÇO
Kathleen Keating

A TERAPIA DO ABRAÇO 2
Kathleen Keating

A TERAPIA DO AMOR
Kathleen Keating

A UNIÃO CONSCIENTE COM DEUS
Joel S. Goldsmith

TRANSFORMANDO DRAGÕES
Sônia Café

VIVENDO NA LUZ
Shakti Gawain

A VOZ SILENCIOSA
White Eagle